西田紘子
＋
小寺未知留
編著

O N
春 秋 社
G A K U
音 楽 学
G A K U
叢 書

音楽と心の科学史

音楽学と心理学が
交差するとき

春
秋
社

音楽と心の科学史　目次

凡例

・引用した譜例はすべて浄書した。

・引用内の〔 〕は引用者による中略や補足を示す。

・特記のない限り、全体を通して各章筆者による強調には傍点を付し、引用文中の原文における強調は太字で示した。

・引用文中や書名等の旧漢字は現代の表記に改め、仮名遣い・送り仮名は原文に従った。

・☞は章やコラムの連関を示す。

・音名には日本語名を用い、英語名あるいはドイツ語名を適宜併記した。

音楽と心の科学史

音楽史と心理学が交差するとき

本書に寄せて

科学史と音楽研究史のあいだ

野家啓一

1 共通の祖先

科学（史）と音楽研究（史）が共通の祖先をもつ、といえば驚かれるであろうか。もっとも、勘のよい方なら共通の祖先とはピュタゴラスのことかと推察されるであろう。哲学者の中村雄二郎によれば、ピュタゴラスの現代的評価は「数と音楽を媒介にして科学と宗教とを統合させている桁はずれの〈愛―知〉者」（中村 2000:18）というものなのである。とはいえ、ピュタゴラスについては、頼りになる史料はきわめて少ない。ほとんどが伝説か伝聞のたぐいである。しかも、科学（数学）と音楽の関わりについて伝えている資料はさらに少ない。まずは、もっとも信頼できる史料としてアリストテレスの『形而上学』の記述をみておこう。

あのいわゆる「ピュタゴラスの徒」は、数学的諸学課の研究に着手した最初の人々であるが、かれらは、この研究をさらに進めるとともに、数学のなかで育った人々なので、この数学の原理をさらにあらゆる存在の原理であると考えた。けだし数学の諸原理のうちでは、その自然において第一のものは数であり〔中略〕さらに音階の属性や割合〔比〕も数で表わされるのを認めたので〔中略〕その結果かれらは数の構成要素をすべての存在の構成要素であると判断し、天界全体をも音階〔調和〕であり数であると考えた。

（アリストテレス 1968:985b23–986a3）

ここで「ピュタゴラスの徒」と呼ばれているのは、オルフェウス教の影響を受けた宗教集団を率いていた教祖にあたる人物こそピュタゴラスであったからである。よく知られた「万物は数である」という彼の言葉は、数こそがあらゆる存在の原理であることを示唆している。この教団は魂の輪廻転生を信じており、死後に再び人間に生まれ変わるためには、魂の浄化（カタルシス）が必要であると考えていた。その浄化の手段こそが数学と音楽だったのである。「われわれはみんな、ピュタゴラス派だ」（クセナキス 2017:61）と喝破した現代音楽の旗手ヤニス・クセナキスは次のように述べている。

ピュタゴラス教団における数は、知られているところでは、紀元前四世紀までの時期によって言い方はちがうが、すべては数だ、あらゆるものには数がある、あるいは万事は一種の数だ、と断言していた。音楽家にとって特に興味深いのは、この主張はオルペウス教的浄化を得るための音程研究に由来することだ。アリストクセノスによれば、ピュタゴラス教団は、医薬を肉体浄化のために、音楽を魂の浄化のために使用した。

（クセナキス 2017:60）

すなわち、「魂の浄化」という一点において音楽と数学は同じ機能を果たすのである。ピュタゴラス教団では、一弦琴の弦の長さと音程の関係を調べることによって、音階（ハルモニア）がすべて整数の比で表わされることを発見したといわれている。数の比のことをギリシア語では「ロゴスlogos」といい、このロゴスは音階のみならず天体の運行をはじめ森羅万象の秩序を構成しているエレメントであった。また、もともとは女性の装飾品を指す「コスモス」という言葉からは、「美しい秩序」という意味が派生した（それゆえ「コスメティック（化粧品）」も同じ語源である）。その美しい秩序の源泉こそがロゴス、すなわち数の比によってもたらされる調和（ハルモニア）にほかならない。コスモスという言葉を「宇宙」の意味で用いた最初の人もピュタゴラスであったといわれている。そうしたことから「ピュタゴラスによると、人間は天体のハルモニアを聞き取り、それを吸収することによって魂を浄化することができる」（西原・安生 2020:175）と考えられたのである。

この音楽と天文学との不思議なつながりは、その後のヨーロッパ思想史を貫いて、次節で紹介する科学革命期のケプラーの天文学にまで至っている。その前に、古代・中世における「自由学芸artes liberales」もしくは「自由七科」と呼ばれた、自由市民（奴隷でない階層）が学ぶべき基礎教養科目に触れておこう。具体的には文法学、修辞学、論理学（弁証法）からなる三科（trivium）と算術、幾何学、天文学、音楽からなる四科（quadrivium）、あわせて七科である。三科が言葉（ラテン語）の理解や操作に関わる文系の学問だとすれば、四科は数学や自然学を基盤とした理系の学問に相当する。

このようにいえば、なぜ音楽が理系の学問のグループに入っているのかという疑問が生ずるであろう。ただし、ここでいう音楽は、演奏ではなく楽理である。まずは「数学 mathematics」という言葉の由来に関するギリシア数学史の泰斗トーマス・ヒースの見解を聞いておこう。

> ピュタゴラス学徒たちは、幾何と算術とを μαθηματική〔mathematike〕という一つの名称のもとに包括した最初の人びとだったといわれている〔中略〕。ピュタゴラス学徒たちの〈四科〉とは、四つの数学的科目、すなわち算術、幾何学、sphaeric〔球面〕、音楽を区別したものである。ここでいう sphaeric とは、天文学研究のさいの球面幾何学を意味するから、天文学と同じ意味である。
>
> （ヒース 1959:4）

ただ、これだけではまだ音楽がなぜ数学や天文学と同じカテゴリーに入るのかがみえにくいので、現代の数学史家の観点からの記述で補足しておこう。以下はポルフュリオスの『プトレマイオス和声学注釈』をめぐる解説の一部である。

ここに〝マテーマタ〟の内容が幾何学、数論、天文学、音楽の四科にまとめられてきているのを見ることができる。本文中の球面学とは球面幾何学を指し、当時の天文学の一部門にほかならない。ギリシャの天文学とはこうした天球の回転やその組合せを論ずる数理天文学にほかならなかったし、音楽も調和音程の数学的関係を論ずる和声学であったから、それらはすべて数と量とに関する数学的理論だったのである。

（彌永・伊東・佐藤 1979:3）

マテーマタとは「学ばれるべきもの」あるいは「学課」といった意味の言葉である。それがピュタゴラス教団においては、「魂の浄化」という宗教的目的のために学ばれるべき四つの学課（四科）に指定されてきたのである。しかも四科は自由学芸（リベラル・アーツ）の柱として、ヨーロッパ中世および近世の大学においては宗教的含意からは切り離されて、基礎的教養としての「学ばれるべきもの（必修科目）」へと変貌していった。その過程で、音楽と数学・天文学との関係もまた忘れ去られ、両者は隔てられていったのである。

2　ケプラーにおける音楽と天文学

科学史と音楽研究史の接点を考える上で、ピュタゴラスとともに忘れてはならないのは、もう一人、ヨハネス・ケプラーである。彼はニュートンの万有引力の法則の先駆ともいえる「ケプラーの三法則」の発見者として知られる天文学者であるが、同時に『世界（宇宙）の調和』（一六一九年）という標題をもつ著作においては、天体物理学と音楽との関係についても詳しく考察している。とりわけその第三巻は、ピュタゴラスに関する言及が多くを占めているのである。

人の語るところでは、ピュタゴラスがある鍛冶屋の仕事場のそばを通りすぎ、槌の調和的に同調した音を聞いた時、はじめて発見したことは、音の違いが槌の大きさに起因しており、そして大きな槌の音は低く、小さな槌の音は高い音をだすということだった。〔中略〕彼は即座に槌から弦の長さへ移り、そして弦のどの部分が完全な協和音を生じ、どの部分が不協和音を出すかを、聴覚をもって厳密に示したのである。（ケプラー 1963:142）

今日ではピュタゴラスが鍛冶屋の槌の音から音階を聴き取ったというこのエピソードは否定されているが、弦の長さと音階の比例関係の発見がこの学派に属するものであることは広く認められている。ケプラーは次のように続けている。

二千年にわたり人は、比例の諸項が離散的量、即ち数である限り、原因は比例関係自体の特質のなかに見出されなければならないという考え方にしたがってきたのである。ピュタゴラス学派の人々は、もし等しい張りをもった弦がその長さについて、二対一、あるいは三対一、あるいは四対一の比例を成している場合、完全な調和が形成されることを見出したのである。この比例関係は算術においては倍数と呼ばれている。（ケプラー 1963:142）

全宇宙を統制しているこの「比例関係（ロゴス）」は、目に見える秩序（天体の運行）を支配しているのみならず、その天体（実際には天球）が運動に際して発する音の秩序をも支配していると考えられていた。いわゆる「ハルモニア・ムンディ（宇宙の音楽）」である。ただし、この音楽は理性の耳でのみ聴くことができる。アリストテレスやプリニウスはこの宇宙の音楽の存在を否定していたが、ケプラーはそれを固く信じていた。『世界の調和』第五巻第六章には「惑星の極端な諸運動においては、ある仕方で、音楽的な旋法すなわち音調が表現されること」、また第七章には「六個の全惑星に、共通した四重の対位法と同じの全体調和が存在すること」という標題が付けられている。

つまりそれぞれの惑星（当時は六個のみ知られていた）はその運動に即して特有のメロディーを奏でているというのである。実際ケプラーは、そのメロディーを楽譜に書き表してもいる。その具体的な記譜手続きについては、音楽学の専門家の解説を借りるとしよう。

この書〔『世界の調和』〕では、各惑星が、太陽から見て一定期間に移動する角度（角速度）の比をとり、それを音程比と見なして音階に割り振っている。その一例として、地球がある一定期間に太陽を公転する場合の角度は、太陽からいちばん近い位置〔近日点〕がいちばん遠い位置〔遠日点〕よりも16／15だけ大きいとし、これを半音程の関係に翻案して音符を割り振り、地球は一年かけてソと♭ラ〔ト音と変イ音〕を繰り返していると考えた〔譜例は省略〕。

（西原・安生 2020:218）

しかもケプラーは、この地球のメロディーについて、「地球はミ・ファ・ミ〔ホ音・ヘ音・ホ音〕と歌う。そこでこの語の綴りからすると、われわれの住みかには『ミゼリアとファーミス』（災難と飢餓）とが支配する」（ケプラー 1963:272；傍点は本稿筆者による）と独自の解釈を施しているのである（実際、ケプラーは有能な占星術師でもあった）。

それからすると、ケプラーはピュタゴラスに発し、プラトンの『ティマイオス』に受け継がれた宇宙思想（音楽思想）の正統的な後継者ということができる。さらに付け加えれば、二〇世紀に入って、インド哲学と占星術に想を得たといわれるグスターヴ・ホルストの組曲「惑星」や、ケプラーを主人公にしたパウル・ヒンデミットの現代オペラおよび交響曲「世界の調和」もまたそうした系譜の中に位置づけることができるであろう。

その意味では、西欧思想の流れの中では科学（数学・天文学）と音楽は表裏一体の学問なのであり、ギリシア哲学者の荻野弘之による以下の指摘は、ピュタゴラス的伝統の本質的意味を解き明かした評言といえるであろう。

一九世紀ドイツの著名な数学者ワイヤーシュトラース（一八一五―九七）は「数学は理性の音楽であり、音楽は感覚の数学である」という言葉を残している。これは一見奇異に思われるかもしれないが、極めて忠実にピュタゴラス的な理念を継承した言葉であることに気づく。〔中略〕音楽というのは、古代・中世においては数学を介した思弁的実践的な魂の研究であり、私たちの魂はどういう仕組を持っているのかを研究する、その意味で一種の心の科学―心理学と結びついていたことを忘れてはならない。

（荻野 1999:58–59）

3　内的科学史／外的科学史

ピュタゴラスとケプラーは科学史の中で逸することのできない重要人物であるが、彼らの業績をどのように記述するかについては、大きく二つの行き方に分かれる。すなわち「インターナル・アプローチ（内的科学史）」と「エクスターナル・アプローチ（外的科学史）」とである。インターナル・アプローチとは、簡単にいえば「学説史」のことである。ピュタゴラスの場合ならば「数学」、ケプラーの場合ならば「天文学」という学問分野（discipline）に限定した上で、たとえば「ピュタゴラスの定理」や「ケプラーの三法則」がどのような手続きで導出されたのかを、できるだけ外的条件を考慮せずに、純粋に理論的考察によって解明しようとする立場を指す。それに対してエクスターナル・アプローチとは、単純化すれば「社会史」的観点の導入にほかならない。科学理論の成立と発展を理論内部のみに限定せず、それに影響を与えた社会、経済、文化などの外的条件との相互作用という観点から解明しようとする立場のことである。

そもそも「科学史 history of science」という学問分野が成立するのは二〇世紀に入ってからのことである。もちろん「学問の歴史」ということであれば、それに関する歴史記述はギリシア時代、アリストテレスの昔から存在した。しかし、科学（science）と呼ばれる専門分野が確立するのは早く見積もっても一七世紀の「科学革命」以降のことであるし、科学研究を担う「科学者 scientist」という呼称が出現するのは一八四〇年代のことである。それゆえ、ガリレオもニュートンも「科学者」ではなかった、といえば驚かれるであろうか。少なくとも当時は英語に“scientist”という言葉がなかったことは事実である。彼らは当時「哲学者」、もう少し限定すれば「自然哲学者」と呼ばれていた。そのことは、ニュートンの主著のタイトルが『自然哲学の数学的原理』（一六八七年）と名づけられていたことからも明らかであろう。

それゆえ、今日の私たちがイメージする個別諸科学の意味での「科学 sciences」の研究システムが学会組織とともに整備されるのは、一九世紀半ば以降の「第二次科学革命（科学の社会的制度化）」を経てのちのことといってよい。現代の私たちが「ギリシア科学」や「アラビア科学」と呼んでいるものは、一九世紀半ばに成立した、社会的に制度化された「西欧近代科学」を基準に、類推的に過去の業績にあてはめて「科学」と呼んでいるにすぎない。「科学」が存在しなければ、「科学の歴史（科学史）」も存在しないことは道理というべきだろう。したがって、真の意味での「科学史」が一つの学問分野として成立するのは、二〇世紀に入ってからなのである。

科学史を独立した専門分野として確立することにもっとも尽力したのはベルギーに生まれ、のちにアメリカで活躍するジョージ・サートンである。彼は一九一二年に科学史の専門雑誌『アイシス』と『オサイリス』（誌名はともにエジプトの夫婦神に由来する）をベルギーで刊行するとともに、アメリカに渡ってからは『科学史序論』全三巻の完成に精魂を傾けた。サートンの科学史を貫いているのは「新ヒューマニズム」と呼ばれる思想である。彼は小著『科学史と新ヒューマニズム』の中で次のように述べている。

> 科学はヒューマナイズされねばならぬ。といふことは、何より、科学を勝手に暴ばれ廻らせてはならないといふことを意味する。〔中略〕科学をヒューマナイズする最上の方法は、それが唯一の方法ではないにしても、科学を歴史的に考察することである〔後略〕。
>
> （サートン 1974:245）

サートンのこの言葉は、科学史が単なる年代記や聖人伝には留まらない学問であることを示唆している。ただし、サートンの業績は文献学的な基盤の整備とそれに基づく「啓発的事典」の記述に留まった。インターナル・アプローチやエクスターナル・アプローチを駆使して科学史が本格的な展開をみせるには、次の世代の登場を待たねばならなかったのである。

4　コイレとインターナル・アプローチ

サートンの問題意識を継承しつつ、科学史を厳密な組織的学問として彫琢したのは、ロシアに生まれ、ゲッティンゲン大学でフッサールやヒルベルトに学び、のちにアメリカに亡命してプリンストン高等研究所で活躍した科学史家アレクサンドル・コイレであった。インターナル・アプローチという科学史方法論もまた、彼の主著『ガリレオ研究』（一九三九年）とともに誕生したといってよい。

『ガリレオ研究』は三部から構成されており、第一部は「古典科学の夜明け」、第二部は「落体の法則――デカルトとガリレオ」、第三部は「ガリレオと慣性の法則」と名づけられている。ここで「古典科学」とは基本的に古典物理学のことだと考えてよい。つまり、コイレはガリレオによる落体の法則や慣性の法則の発見のプロセスを、あくまで内在的要因から描き出そうと試みているのである。その特徴をコイレは思想史的観点から次のようにまとめ上げている。

したがってわれわれは、古典科学の知的姿勢は、緊密に結ばれた二つの要因によって特徴づけられるのではないかと考える。ひとつは空間の幾何学化、ひとつはコスモスの崩壊、いいかえればコスモスを前提とするすべての考察が、科学的推論の内部から姿を消したということ、前ガリレオ的自然学の具体的空間に代わって、ユークリッド幾何学の抽象的空間が置かれたということである。こ

の置き換えこそが、慣性の法則の発見を可能ならしめたのであった。（コイレ 1988:7）

ここで注意すべきは、ガリレオによる古典物理学の形成は、誤った理論が正しい理論によって置き換えられたわけではないということである。コイレによれば、「問題となっていたのは、誤った理論、あるいは不充分な理論と闘うことではなく、知性そのものの枠組みを変えること」（コイレ 1988:7）だったのである。

ともすれば、科学史は科学者たちの発明・発見物語、つまりはサクセス・ストーリーになりがちである。だがコイレは、輝かしい成功例だけでなく誰も見向きもしない誤謬や失敗例のほうがむしろ重要であると主張する。

たしかに、誤謬にかかずらっても何になろう。大事なのは、英雄たちが踏み迷った曲折の多い途中の道などではなく、最終的な成功、発見ではないだろうか。歴史家＝聖者伝作者はおそらく正しいのであろう。後世の者にとって大事なのは、勝利、発見、発明であることに間違いはない。にもかかわらず科学思想史家にとって、少なくとも歴史家＝哲学者にとって、失敗や誤謬、特にガリレオやデカルトのような人間の誤謬は、ときには成功と同じくらい（もしかするとそれ以上に）貴重なのである。（コイレ 1988:71）

ここにはインターナル・アプローチの要諦が巧まずして述べられている。つまり、科学史記述のポイントは成功の上澄みをすくいとることではなく、今日では子供によってすら自明の法則とみなされている落体の法則や慣性の法則が、いかなる紆余曲折を経て獲得されたかを明らかにすることだというのである。それを科学史家の佐々木力は「コイレによって、科学の真理はそのまま自明の真理として信奉されることなく、それがいかなる思想史的コンテクストで、いかなる問題の解答として真理であるのかが問題としてクロウスアップされるようになったのである」（佐々木 1997:165–166）と的確に指摘している。

5　エクスターナル・アプローチとクーン的総合

コイレが『ガリレオ研究』において科学史におけるインターナル・アプローチの土台を据え、それが若手の科学史家たちに影響を及ぼすに先立って、エクスターナル・アプローチ、すなわち科学研究を社会史的文脈の中に置き直そうという試みは、たとえばフランクフルト学派のフランツ・ボルケナウによる『封建的世界像から市民的世界像へ』（一九三三年）などによって始められていた。しかし、それに対するコイレの評価は辛辣なものであった。『ガリレオ研究』に付された原註の中で彼は次のように述べている。

「職人デカルト」とは、M・ルロワ氏の『社会的デカルト』において展開され、F・ボルケナウ氏の『封建的世界像から市民的世界像へ』(1933)において愚かしいほどに発展させられたデカルト観である。ボルケナウ氏は、デカルトの哲学と科学の形成を、新しい生産様式、つまりマニファクチュアの出現によって説明している。（コイレ 1988:338 註8）

おそらくコイレにとっては、デカルトの哲学と科学を彼を取り巻く社会的要因に還元しかねないボルケナウの筆致は、内在的論理展開を無視してマルクス主義的な社会分析に全面的に依拠した、いかにも安易な方法と映ったにちがいない。今日では科学史におけるエクスターナル・アプローチの出発点は、旧ソ連の科学史家ボリス・ゲッセンが一九三一年にロンドンで開催された第二回国際科学史技術史会議で発表した論稿『『プリンキピア』の社会的経済的根源』にあると目されている。この論考は科学史研究に新生面を拓くものとして、当時の若手研究者たちに大きな影響を与えた。ただしゲッセンの新たな試みも、佐々木によれば「とりわけ、『プリンキピア』の内容をほとんど直接的に、一七世紀イングランド社会の技術的・経済的要求に結合したのは性急であった。ニュートンの神学的言明をも、彼はすぐさまそのような実用的要求に還元してしまう傾向を示している」(佐々木 1992:368) との批判を免れていない。エクスターナル・アプローチは、ともすれば社会史的還元の方向へと傾斜しがちであることは否定できない。付け加えておけば、ゲッセンは旧ソ連の政治状況の中に巻き込まれ、スターリンの大粛清を生き延びることはできなかった。

もう一つ、エクスターナル・アプローチを先導したのは、ロバート・マートンが一九三八年にサートンが編集する雑誌『オサイリス』に発表した長編論文「一七世紀イングランドにおける科学・技術・社会」であった。彼はそこで「マートン・テーゼ」と呼ばれる二つの基本的主張を展開した。一つ目は、一七世紀イギリスにおける近代科学の発達を促したのは、ピューリタニズム（禁欲的プロテスタンティズムの精神）にほかならない、というテーゼである。これはマックス・ウェーバーが資本主義成立史論において提起したテーゼを近代科学の成立に適用したものといえる。二つ目は、一七世紀イギリスの科学研究を方向づけたのは、経済的・技術的要求であったというテーゼである。つまり科学においては、純粋な理論的要求だけでなく、社会・経済・技術といった諸条件が研究を取り巻いており、それらが科学者の行動を通じて理論形成に影響を及ぼしている、ということである。これを基盤にしてマートンは「科学社会学」という新たな領域を切り拓いていくことになる。

もちろん、インターナル・アプローチとエクスターナル・アプローチとは、方法論としては異なるけれども、対立するものでも矛盾するものでもない。『科学革命の構造』（一九六二年）で知られるトーマス・クーンは科学史を論じた小論の中で、「科学史に対する内的と外的の二つのアプローチはそれぞれに固有な一種の自律性をもってはいるが、実際には、それらは相補的な二つの観点なのである」（クーン 1987:146）と述べている。まさに的確な指摘であろう。そして、それら相補的な二つの観点の統合を試みたのが、クーンの『科学革命の構造』において展開された「パラダイム論」なのである。

パラダイムとは、クーンの定義によれば「一定の期間、研究者の共同体にモデルとなる問題や解法を与える一般に認められた科学的業績」（クーン 1971:v）のことである。いい換えれば、科学研究を先導する模範例のことといってよい。このパラダイムと対になるのが「通常科学」の概念である。再びクーンの定義を引けば「ある特定の科学者共同体が、一定の期間その仕事を進めるための基盤を与えるものと認めた若干の過去の科学的業績にしっかりと基礎を据えた研究」（クーン 1971:12）ということになる。つまり通常科学とは、パラダイムという規範に従って営まれる日常的な研究活動のことといってよい。

クーンはこのパラダイムと通常科学という対概念を駆使して、これまで究極の真理を目指す右肩上がりの進歩という描像によって記述されてきた科学の歴史を、たとえば天動説から地動説への転換にみられるような、パラダイムの断続的転換という描像によって置き換えてみせた。これを科学史記述という観点から整理すれば、通常科学の一定期間についてはインターナル・アプローチが必要にして十分な手続きとなる。つまり、その期間に関する限り知識は累積的であり、理論の進歩や発展について問題なく語ることができるのである。それに対して、既存のパラダイムが危機に瀕し、新たなパラダイムが提起される科学革命期においては、科学者や科学理論を取り巻く社会史的条件が大きな役割を果たす。つまり、エクスターナル・アプローチが不可欠の記述手段となる。その意味でクーンの「パラダイム論」は、インターナル・アプローチとエクスターナル・アプローチを総合する視座を提供しているのである。佐々木とともに「クーンは、ゲッセンとコイレを統合すべき学問史的位置に立っているのである」（佐々木 1997:183）というべきであろう。

おわりに――科学史と音楽研究史の接点

これまで科学史を軸に二つのアプローチが交差する様子を概観してきた。私自身は音楽研究には全くの門外漢なので、この二つのアプローチがどのように音楽研究と接点をもつのかについては残念ながら知るよしもない。しかしながら、ピュタゴラスとケプラーの例でみたように、音楽研究史と科学史のあいだには、思いもかけぬ類縁関係が成り立っているようにみえる。そこにはいっけん水と油のようにみえる両者の対話が可能であるような領域が広がっているのではないだろうか。このようにみてくると、音楽研究の歴史を紐解く際にも、科学史のアプローチを援用することができるだろう。こうした発想が本書の出発点である。ここではそのことを確認したところで、とりあえず筆をおくこととしたい。

総説

科学史としてみる音楽理論・音楽美学

西田紘子・小寺未知留

科学史として音楽学の歩みを読む

本書は、音楽研究、とくに音楽学と呼ばれてきた学問分野を、科学史というパースペクティヴから捉えようという試みである。科学史というと、理数系や工学系分野の学問史や方法論を対象とすることが多い。そのため、「音楽」に関する研究を科学史で語ろうとすることに驚きや違和感を覚える人もいるかもしれない。そもそも音楽研究に科学革命やパラダイム・シフトのようなものはあるのだろうか、物理学でいうニュートンやアインシュタインのような人物はいるのだろうか、と。

しかし近年では、自然科学の分野だけでなく、人文科学の分野や両科学にまたがる分野を対象とした科学史も出てきている。(1) 自然科学と人文科学という二区分では分類しきれないほど、学問分野は多様化し、融合しているのだ。こうした機運の中で、自然科学とも人文科学とも深い関係を結んできた「音楽研究」にも、科学史からの歴史記述があってよいだろうし、あってしかるべきだろう──本書はそんな発想を出発点にしている。[2] 音楽研究の歴史には、たしかに科学革命ほど広い波及効果をもつ価値転換はみつけにくいかもしれない。しかし、だからといって「学説」や「制度」や「方法」や「学問文化」の歴史を辿る意義がないわけではない。

音楽はどのような価値観のもとで探究されてきたのか。本書の試みによって、その一端が明らかになれば幸いである。また、音楽研究に関心を寄せる人や、これから音楽研究を志す人にとって、本書が何らかのヒントになってくれたらと願う。

さて、ここまでで、すでに「音楽研究」と「音楽学」という似たような語が登場している。二つはどう違うのか。古来より音楽に関する研究は行われてきたが、音楽学という分野が大学などで制度化されたのは一九世紀末から二〇世紀前半にかけてである。[3] おおまかにいえば、本書でいう音楽研究とは、音楽に関する古代からの研究を全般的に指している。一方で、音楽学という語は、いま述べたとおり歴史的には比較的新しい学問分野名であり、特殊な歴史的背景のもとに成立した。[4] 本書は、音楽研究を科学史から考える試みとして、音楽学が制度化されて以降の時代をおもな対象とする。[5] とはいえ、音楽学の対象と範囲はきわめて広く、流動的である。そこで、本書の範囲をもう少し絞っていきたい。

音楽学は科学なのか

「科学史として音楽学を考える」ことが意外に思われるとすれば、その要因の一つに「科学」という語そのものをめぐる問題が挙げられる。

一四世紀に生まれた「科学 science」という語は、当時は「知識」といった意味であった。しかし、一八世紀に入ると「諸科学 sciences」と複数形で用いられるようになり、一九世紀半ば頃に、物理学など個別の学問分野へと分化して大学などで制度化されると、諸科学の集合体としての用法が一般化する。[6] それに呼応して同じ頃、職業としての「科学者 scientist」という語が登場し、それ以降、定着していくこととなった（☞「本書に寄せて」）。

ただし、すべての学問分野が同時に制度化（科学化）されたわけではない。また、諸科学という語の用法も国によってさまざまである。[7] 概して、諸科学の制度化の先陣を切ったのが理工系の学部であった。本書が対象とする心理学や音楽学は、理工系に比べると後発の分野である。心理学研究所がドイツ各地に開設されるのは一八八〇年代以降であり、[8] 音楽学研究所の設立に至っては世紀転換期まで待たねばならない。第一〜二章でフォーカスするドイツ語圏の総合大学をみると、たとえばウィーン大学に音楽学研究所が設立されたのは一八九八年、ライプツィヒ大学に設立されたのは一九〇八年（☞第一章）である。これらの動きと並行して、学会の活動も盛んになっていく。[9]

諸科学の制度化は自然科学系分野から始まったという歴史的背景が、人文科学系分野を科学のうちに含めることをためらう一因になっているのだろう。実際にも、人文科学系分野が科学＝学問として制度化された一九世紀後半から、科学としての研究方法に関する議論は絶えなかった。自然科学よりも遅れて制度化された学問分野である「人文科学系分野の方法とは何か」という議論である。ドイツの哲学者たちを例にみてみよう。

たとえばハインリヒ・リッケルト（一八六三〜一九三六年）は、文化を対象とし、その文化的意義を考察する諸分野を「文化科学 Kulturwissenschaft」と呼び、自然を対象とする自然科学から区別した。また、ヴィルヘルム・ディルタイ（一八三三〜一九一一年）は、心理学などが対象とする内的経験を扱う諸分野を「精神科学 Geisteswissenschaft」と名づけ、外的経験を対象とする自然科学から区別した。あるいは、ヴィルヘルム・ヴィンデルバント（一八四八〜一九一五年）は、一回しか起きない歴史的事象や文化的現象を扱う「個性記述的」な分野と、普遍的な知を志向する「法則定立的」な分野という分類法を唱えた。[10] ここで諸科学の制度化の流れを表1にまとめておこう。

諸科学の方法に関する議論は、かたちを変えつつ現在まで続いている。[11] 諸科学の行き過ぎた専門分化は「タコツボ化」と呼ばれてきたが、このタコツボ化への反省から、ここ数十年のあいだに文理や異分野の融合が推進されている。そのような現代にあってはとくに、異なる分野同士が協働しようとする際には異なる方法論の衝突[12]や、専門用語の相互理解の難しさ[13]などが日常的にみられる。

現代では次々と新しい学問分野や領域[14]が生まれており、各分野・領域は必ず一つの決まった研究方法をとるわけではなく、複数の方法を使い分けたり併用したりする。複数の分野・領域の方法をあわせもつ学際性を前提としている分野・領域も多い。音楽学は、まさにそのような複合的方法を基盤とする分野である。和音の音響的特徴の研究のように、自然科学の方法を用いて音楽を研究する人もいれば、音楽作品の楽譜校訂と解釈の研究のように、人文科学の方法を用いる人もいる。さらには、演奏録音の特徴を物理的評価と聴き手の印象評価から研究する場合など、複数の方法を併用する人もいる。音楽社会学の研究などでは、アンケート調査やインタビュー調査などの社会科学の方法を用いる人もいるだろう。

まとめると、今日では、諸科学を個々の「学問分野」や「学問領域」といい換えることができ、単数形としての科学（science）はこれらの学問分野・領域の総称といった意味合いになるだろう。そのため、音楽学も科学の一つということになる。ただし、個々の分野・領域が用いる方法は、「自然科学 対 人文科学」といったかたちで分野ごとに明瞭に分類できるとは限らず、個別の研究においてもさまざまな方法が複合的・補完的に用いられる場合がある。

時期	出来事
14世紀	知識としての「科学（science）」の語が登場（ラテン語のスキエンティア（scientia）に由来）
17世紀	科学革命
18世紀	科学が諸科学（sciences）へ
19世紀半ば～	理工系分野を皮切りに諸科学が大学で制度化へ
1880年代～	心理学研究所が大学に開設され始める
19世紀末～	自然科学と精神科学（人文科学）の方法論をめぐる議論が活発化 音楽学研究所が大学に開設され始める

表1　科学の制度化と心理学・音楽学

初期の音楽学が射程とした学問領域

一八九八年、グイード・アドラー（一八五五～一九四一年、図1）という音楽学者がウィーン大学に音楽学研究所を開設し、その正教授に就いた。それに先立つ一八八五年には「音楽学の範囲、方法、目的」という論文を発表している。その中でアドラーは、音楽学を「歴史的部門」と「体系的部門」に大別している（図2および表2）。歴史的部門には「楽器の歴史」といった音楽史に関わるものなどが、体系的部門には「音楽理論」や「音芸術の美学」（音楽美学）、「音楽教授法」や「ムジコロギー」（後述）などが含まれている。

アドラーは、それまでに行われてきた音楽研究の諸領域を二つに大別したと考えられる。ここで挙げられた諸領域について、歴史的に古いものからいくつか確認してみよう。

最古の音楽研究としてまず思い浮かぶのは、古代ギリシアのピュタゴラス派に端を発するとされる協和の理論である（☞「本書に寄せて」）。具体的にはオクターヴや五度、四度などの音程を弦で鳴らしたとき、弦の長さが二対一、三対二、四対三などの単純な比になることから、単純な数比を協和のよりどころとみなす理論である。こうした協和に関する議論は、「音楽理論」の領域、すなわちアドラーの分類によれば体系的部門に属するといえる。

図1　グイード・アドラー

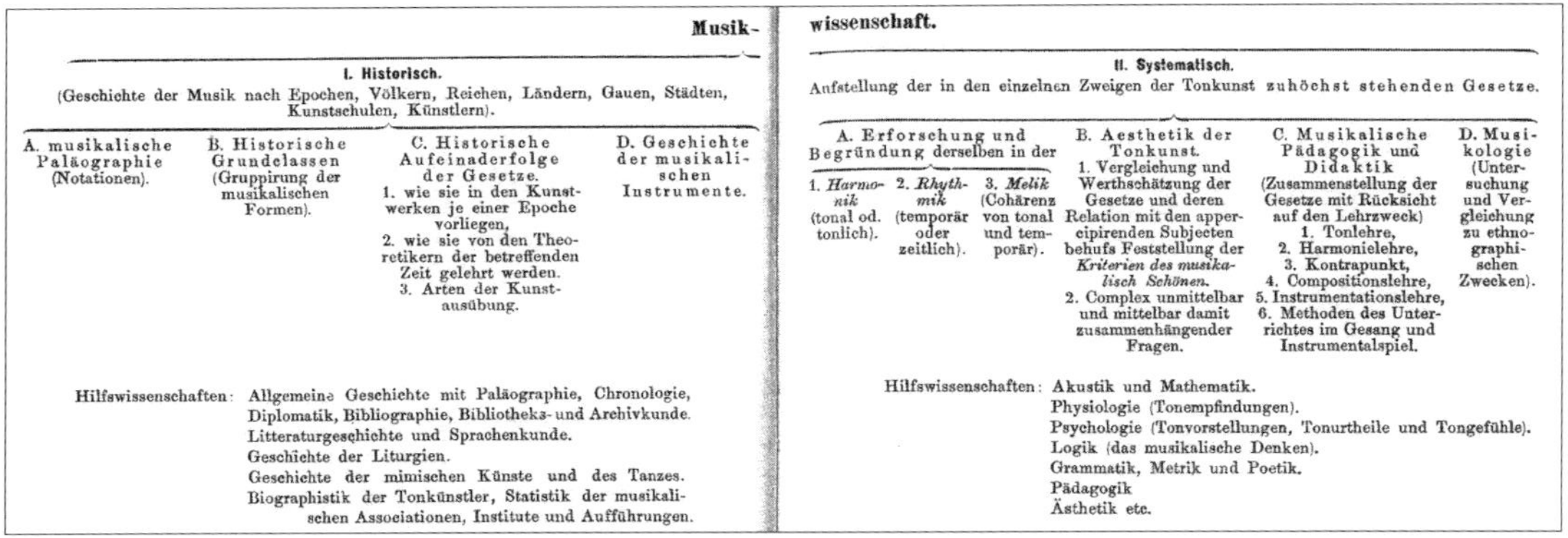
Musik- wissenschaft.

I. Historisch.
(Geschichte der Musik nach Epochen, Völkern, Reichen, Ländern, Gauen, Städten, Kunstschulen, Künstlern).

A. musikalische Paläographie (Notationen).

B. Historische Grundclassen (Gruppirung der musikalischen Formen).

C. Historische Aufeinanderfolge der Gesetze.
1. wie sie in den Kunstwerken je einer Epoche vorliegen,
2. wie sie von den Theoretikern der betreffenden Zeit gelehrt werden.
3. Arten der Kunstausübung.

D. Geschichte der musikalischen Instrumente.

Hilfswissenschaften: Allgemeine Geschichte mit Paläographie, Chronologie, Diplomatik, Bibliographie, Bibliotheks- und Archivkunde.
Litteraturgeschichte und Sprachenkunde.
Geschichte der Liturgien.
Geschichte der mimischen Künste und des Tanzes.
Biographistik der Tonkünstler, Statistik der musikalischen Associationen, Institute und Aufführungen.

II. Systematisch.
Aufstellung der in den einzelnen Zweigen der Tonkunst zuhöchst stehenden Gesetze.

A. Erforschung und Begründung derselben in der
1. *Harmonik* (tonal od. tonlich).
2. *Rhythmik* (temporär oder zeitlich).
3. *Melik* (Cohärenz von tonal und temporär).

B. Aesthetik der Tonkunst.
1. Vergleichung und Werthschätzung der Gesetze und deren Relation mit den appercipirenden Subjecten behufs Feststellung der *Kriterien des musikalisch Schönen.*
2. Complex unmittelbar und mittelbar damit zusammenhängender Fragen.

C. Musikalische Pädagogik und Didaktik
(Zusammenstellung der Gesetze mit Rücksicht auf den Lehrzweck)
1. Tonlehre,
2. Harmonielehre,
3. Kontrapunkt,
4. Compositionslehre,
5. Instrumentationslehre,
6. Methoden des Unterrichtes im Gesang und Instrumentalspiel.

D. Musikologie (Untersuchung und Vergleichung zu ethnographischen Zwecken).

Hilfswissenschaften: Akustik und Mathematik.
Physiologie (Tonempfindungen).
Psychologie (Tonvorstellungen, Tonurtheile und Tongefühle).
Logik (das musikalische Denken).
Grammatik, Metrik und Poetik.
Pädagogik
Ästhetik etc.

図 2　アドラーによる歴史的部門（左）と体系的部門（右）の分類（Adler 1885:16–17）

音楽学	
I．歴史的部門	**II．体系的部門**
A．記譜法 B．歴史の基礎づけ（音楽形式の分類） C．法則の歴史（作品・理論・実践） D．楽器の歴史	A．音楽理論（和声・リズム・旋律） B．音芸術の美学 C．音楽教授法 D．ムジコロギー
補助学問：古文書や年代学や公文書学や書誌学や図書館・資料館学と連携した一般史、文学や文献学の歴史、模倣芸術や舞踊の歴史、作曲家の伝記、音楽協会・機関や演奏の統計学	補助学問：音響学、数学、生理学、心理学、論理学、文法、韻律法、作詩法、教授法、美学など

表 2　図 2 の概要

一方で、この理論は、音や音楽だけに留まらず、天体の動きなどの宇宙の調和や、人間の精神と肉体の調和といった次元に及んでいる。つまり、万物にみられる調和（ハルモニア）の原理や秩序を数によって定めようとする世界観のあらわれとして、協和の理論が生まれてきたのである。[15] 同様に、プラトンも『国家』第一〇巻や『ティマイオス』で、宇宙の調和から出発して人間の魂の調和を数比によって論じている。『国家』第三巻では、音楽を魂や精神の教育に用いるべきであるとする議論（いわゆるエートス論）を展開した。[16] これらの議論は、音楽から私たちが何を感じ取るのか、音楽が人間の感性にどのように働きかけるのかを論点の一つとしているため、一九世紀末の見方、すなわちアドラーの分類によれば、体系的部門の中でも「音楽美学」の領域に属するといえる。[17]

音楽理論や音楽美学に比べると、アドラーが歴史的部門に位置づけた領域は、やや遅れて活発化する。全般的な歴史記述を目指す音楽史が書かれるようになるのは一八世紀半ばからである。イギリスのチャールズ・バーニーによる『総合音楽史』（一七七六〜八九年）や、ドイツのニコラウス・フォルケルの『総合音楽史』（一七八八〜一八〇一年）が初期の例で、パリで出版されたフランソワ＝ジョゼフ・フェティス『総合音楽史』（一八六九〜七六年）などの通史がさらに続いていく。また、中世やルネサンスなど個々の時代にフォーカスした音楽史や、個人の歴史を扱った伝記も、一八世紀後半から世に出回るようになる。[18]

図2の体系的部門の一番右欄には「ムジコロギー Musikologie」という文字がみえる。この「ムジコロギー」は非西欧圏の民族の音楽を対象とする「比較音楽学」のことである。一九〇五年、カ

ール・シュトゥンプ（一八四八～一九三六年、図3）がベルリン大学の心理学研究所に録音アーカイヴ（Phonogramm-Archiv）を設立し、シュトゥンプの助手エーリヒ・フォン・ホルンボステル（一八七七～一九三五年）が所長を務めて以降、比較音楽学の呼称は定着していった。一九五〇年代になると、文化人類学の方法を意識した「民族音楽学」という名称へと改められた[19]。

以上のようなアドラーの分類は、前述のディルタイらからの影響を受け、精神科学と自然科学という当時の議論に影響を受けてできあがった産物であるが、今日まで制度面で影響を及ぼし、批判も呼んできた[20]。

いま挙げた領域のほかに、一九世紀末から二〇世紀前半にかけては、音楽解釈学や音楽社会学などの領域が提唱されていった。これらの多様な領域のすべてを一冊で論じるのは不可能であろう。また、科学史として捉えるにあたって独自の切り口も必要であろう。そこで本書は、いま述べた諸領域のうち、「音楽理論」と「音楽美学」という二つの領域に的を絞る。その上で、「他の学問分野・領域との交流と軋轢」という切り口から、この二つの領域の歴史と実態に迫る。その理由は次節で述べる。

図3　カール・シュトゥンプ

異分野との接点に注目する——音楽と心の科学史

音とは何か、音楽とは何か——。

物理学や生理学、心理学が飛躍的に発展した一九世紀の後半から、人々は、音楽のしくみを、音そのものや音響現象に還元して、音の物理的な振動に対する感覚や心の反応として捉えるようになった。なかでも心理学は、「心の言語」[21]と呼ばれてきた音楽の本質を探究する際の重要な参照先であった。その後、学問分野の呼称や関心の対象は大きく変化してきたが、心理学が現代に至るまで音楽理論や音楽美学に多大な刺激を与えていることは疑いようがない。

先にみたように、音楽のしくみや人の反応に取り組む音楽理論と音楽美学の研究史は長く、二〇世紀に入る前後から音楽理論と音楽美学に関する歴史も編まれるようになった。比較的古い例として、第一章で登場するフーゴー・リーマン（一八四九～一九一九年、図4）による『九～一九世紀の音楽理論史』（一八九八年）がある。現代では、『西洋音楽理論史』（二〇〇二年、ケンブリッジ大学出版）や『西洋音楽美学史』（一九九四年、ネブラスカ大学出版）などが挙げられる。通史でなくても、それぞれの領域における鍵となる概念を紹介する『音楽理論における重要概念ハンドブック』（二〇二〇年、オックスフォード大学出版）や『音楽美学――概念・理論・機能への手引き』（二〇一八年、ケンブリッジ・スカラーズ出版）なども出版されている。とりわけアメリカにおける音楽理論の研究は、一九七〇年代以降に専門学会が設立され（☞第四章）、音楽学の一領域というよりも、制度的には独立した学問分野として機能している。[22] 一九九〇年代になると、歴史的音楽学と音楽理論の過度な分化をめぐる議論も生じ始める。[23] また、音楽美学では、分析哲学や分析美学からの影響が顕著になる一九八〇年代がしばしば一つの画期とみなされており、二一世紀に入っても活発な議論が続いている（☞第五章）[24]。

こうした独自の歴史をもつ音楽理論と音楽美学に科学史の観点から切り込むのは、これらの領域が「心理学」という別の分野と密接な関係を結んできたからである。音楽学における諸領域が、そもそも学際的な方法を特徴とすることはすでに述べたが、たとえば音楽作品研究に文芸批評の方法をとり入れたり、音楽のカルチュラル・スタディーズに他分野のアプローチを援用したりといった試みは、すでに日本語でも紹介されている[25]。しかし、音楽学諸領域と心理学との関わりをめぐっては――過去の具体例や方法がときおり議論されてきたが[26]――その歴史がこれまで広く顧みられたことはない。たとえば前の段落で触れた『西洋音楽理論史』には「音楽の心理学」という章があるが、概観に留まっている。

このように、音楽理論と音楽美学の二つの領域が心理学とどのように関わってきたかは、音楽学や科学史などの研究において見過ごされがちであったといえる。もともと心理学は哲学や物理学・生理学から分化して独立した分野である。心理学の黎明期には専門分化がそれほど進んでいなかったため、初期の心理学者は哲学者でもあった。音楽学は、黎明期の音楽学者たちによって自然科学・精神科学にもまたがる諸領域を含むものと定義されている。しかし、精神科学――美学、歴史学、言語学、文献学など――の一分野であるという点を強調する者もいれば、自然科学の方法をとり入れよう

図４　フーゴー・リーマン

とする者もおり、一つの学説だけをみても単純にどちらかの方法に割り切ることのできない実態がある（☞第一章・第二章・第三章）[27]。このように、分野の出自からすると、心理学と音楽学の領域は重なり合い、黎明期には両分野間の研究の接点も数多くみられる。

では、大学制度や個別の学会運営[28]などを通して専門分化が制度化されるようになってからは、音楽理論や音楽美学と心理学それぞれの実態はどのように変化を遂げ、三者の関わりはどのように変わっていったのだろうか。新たな学問分野の登場やタコツボ化に伴い、分野間の交流は減っていくのだろうか（☞第四章・第五章）。そのあたりの実情は、今後、事例研究を積み重ね、科学史的に検証されていかなければならない。

これから各章やコラムでみていくように、心理学は、過去の音楽理論家や音楽美学者にとって重要な参照先であった。音楽理論家や音楽美学者は、しばしば「翻訳」が必要となる心理学との交流や軋轢の中でそれぞれの知を形成し、蓄積してきた。そのため、両領域の研究者たちが参照してきた心理学の知見や参照のあり方について理解を深めることは、その理論や美学の内容を理解する上で不可欠であるといえる。

こうして、本書の切り口は「音楽理論や音楽美学が心理学とどのように関わってきたか」という点に定まった。そのため扱う範囲も、これらの分野・領域が制度化されて以降、つまり一九世紀末から現代までとなる。

＊　＊　＊

本書は、大きくみると総説と個別事例（第一～五章）に分かれている。この総説の後半では、まず個別事例の各章とコラムの内容を概観する。次に、個別事例をより広い視野で理解するために、科学史で用いられてきたインターナル・アプローチとエクスターナル・アプローチという区分を再確認し、個別事例がどちらのアプローチによるものなのか整理しておこう。加えて、心理学との関わりという切り口から音楽理論と音楽美学の諸研究を捉えるためにも、それらの分野・領域間の関係を簡単に分類しておく。最後に補論として、本書に登場する人物を中心に、音楽に関わる心理学の歴史を辿り、コラム①へとつなぎたい。音楽に関わる心理学の歴史を概観することで、五つの個別事例を時代の流れの中で理解することができるだろう。

章とコラムの概観

一つ目の個別事例である第一章ではドイツ音楽学黎明期を生きたフーゴー・リーマンの音楽理論と音楽美学に着目し、カール・シュトゥンプらの音心理学に対する姿勢を読み解く。第二章ではリーマンと同時代を生きたウィーンのグイード・アドラーの周辺に着目し、比較音楽学の黎明期を生きたリヒャルト・ヴァラシェクらの音楽美学が当時の心理学やエルンスト・マッハの時間感覚論とどのような関係を結んだかをみる。第三章は、このようなヨーロッパの動向に影響を受けた日本の音楽研究に目を向け、なかでも田辺尚雄（図5）が西欧の物理学や心理学、生理学の受容を通して「日本音楽」の独自性や国民性をどのように描き出していったかを辿る。ここまでが戦前の事例となる。

戦後については、少し時代が空くが、第四章で一九八〇年代のアメリカへと目を移し、ヨーロッパで醸成されたゲシュタルト心理学に影響を受けた音楽心理学者ダイアナ・ドイチュ（図6）や音楽理論家レナード・マイヤー（図7）をとり上げ、関心を共有していた両分野の協働のありさまを探る。最後の第五章では、ちょうどこの時代から台頭してきた分析美学と認知科学の交差をみるべく、音楽聴取における「聴くことと知ることとの関係」について、分析美学者マーク・デベリスの議論を通して一緒に考える。

図5　田辺尚雄(29)

五つの章は、いずれも音楽理論や音楽美学や音楽史を専門とする執筆者によって書かれているため、音楽学の側からみた心理学との関わりという立場をとっている。五つというごくわずかな数の個別事例では時代や地域に偏りがあるが、聴き手の「知覚」や「認知」に関する問題におもに照準し、音楽学と心理学の関わりを示すわかりやすい事例をピックアップするというかたちをとった。歴史上の事例であるがゆえに、今となっては時代遅れと思われる学説も出てくるだろうが、その時代にタイムトリップするつもりで読んでほしい。音楽学と心理学の関わりは多様であるから、今後、本書を足がかりに、社会的・教育的な視点あるいは演奏の観点などへと視野を広げていくとよいだろう。

そのきっかけづくりとして、本書にはさまざまな分野・領域のスペシャリストによるコラムが四つ挟まれている。総説に続くコラム①では、音楽心理学の広がりをみるべく「社会心理学」等の領域に触れる。コラム②では、戦前の音心理学と戦後の音楽心理学をつなぐ学説として、エルンスト・クルトの音楽心理学とゲシュタルト心理学とのつながりを読む。コラム③では、今日の音楽学や音楽心理学の発展にとって欠かせぬ連携分野である「情報科学」からの最新のアプローチがわかりやすく解説されている。そしてコラム④は、音楽理論や音楽美学と心理学の知見が交わる「心の哲学」の考え方を紹介する。

図6　ダイアナ・ドイチュ[30]

図7　レナード・マイヤー[31]

個別事例を科学史として捉える

すでに述べたように、学際的な音楽研究の歴史を科学史として見直そうとする本書の目的は、「音楽理論や音楽美学が心理学とどのように関わってきたか」を、個別事例を通して記述・考察することである。ただし、各事例で記述・考察されている分野・領域間の関係はさまざまであり、章ごとに注目しているポイントも異なっている。表3は、比較しやすいように、各章の内容を一覧として示したものである。以下では、この表の「科学史のアプローチ」と「学問分野・領域間の関係」の項目について説明する。

まず、「本書に寄せて」で説明された、科学史で用いられるインターナル・アプローチとエクスターナル・アプローチという方法論上の区別を改めて確認しておこう。これら二つのアプローチはいずれも、科学的（＝学問的）知識の構造や変化、つまり科学史を記述しようとするものであるが、その際の着眼点が異なっている。インターナル・アプローチでは、特定の分野・領域における科学的知識の内容に焦点があてられるのに対して、エクスター

	おもな登場人物	おもな 活動時期	おもな 活動地域	科学史の アプローチ	学問分野・ 領域間の関係
第一章	フーゴー・リーマン	20世紀初頭	ライプツィヒ	インターナル	差異化型
第二章	リヒャルト・ヴァラシェク	20世紀初頭	ウィーン	インターナル	借用型
第三章	田辺尚雄	20世紀前半	東京	インターナルとエクスターナル	借用型
第四章	ダイアナ・ドイチュ レナード・マイヤー	20世紀後半	ロサンゼルス フィラデルフィア	エクスターナル	協働型
第五章	マーク・デベリス	20世紀末	ニューヨーク	インターナル	借用型

表3　本書各章の個別事例

ナル・アプローチではその科学的知識に関与する外的な要因、たとえば政治や経済といった社会的諸条件に重点が置かれる[32]。

インターナル・アプローチは、基本的に、ある一つの特定の分野・領域に的を絞るものである。そのため、その分野・領域からみれば別の分野・領域は外的な存在であり、エクスターナル・アプローチの守備範囲といえる[33]。音楽研究がそもそも学際的であることを踏まえると、音楽研究の歴史を辿るためには、多かれ少なかれエクスターナル・アプローチをとる必要がある。学問分野・領域間の関係に着目する本書も、この意味ではエクスターナル・アプローチを採用しているといえる[34]。

一方で、分野・領域間の関係についてはいったん脇に置き、インターナル・アプローチとエクスターナル・アプローチの区別を、「科学的知識の内容」に着目するか、あるいは「学問以外の社会的諸条件」に着目するかに設定し直すことで、各個別事例の違いを鮮明にできる。本書第一・二・五章はそれぞれ、研究者が論じた学問的知識の内容に目を向けるものであり、インターナル・アプローチによるものといえる。対して、第四章（とくにその後半）は、地理的接近・人的交流といった社会的条件にも議論が及んでおり、エクスターナル・アプローチに近づいている。また、第三章は、田辺という研究者が残した学問的著述を検証していることからインターナル・アプローチをとっているといえるが、戦争という社会的状況もまた考慮されており、エクスターナル・アプローチとも親和性が高い。

続いて、これら二つのアプローチに加えて、音楽研究が学際的だという点に再び目を向け、個別事例で論じられる音楽美学や音楽理論、心理学といった学問分野・領域間の関係を整理してみよう。

その前に、関係の局所性と流動性という二点に留意しておきたい。まず、各章でフォーカスされる学問分野・領域間の関係は、ある特定の分野（あるいは領域）全体と別の分野（領域）全体が一般的にどういった関係にあったのかという大局的なものではない。つまり、二〇世紀初頭を対象とする第一章で明らかにされるのは、当時の音楽美学全般と心理学全般の関係ではなく、特定の研究者の活動（おもにその研究者が残した著述）から読み解くことのできる局所的な関係である。研究者それぞれの活動に現れた局所的な学問分野・領域間の関係を一つずつ丁寧に分析・解釈していくことで初めて、大局的な関係を描き出すための足場が構築できるはずだ。これが局所性の意義である。

流動性というのは、学問分野・領域間の関係、つまり分野・領域間の境界線の位置、あるいは境界意識の強さは時代によって変わるということである。たとえば一九世紀末における心理学と音楽研究の境界線は、現代に比べるとそれほどはっきりとはしていなかっただろう。また、一人の研究者のうちでも、その活動内容に応じて、境界線の位置や境界意識は変化しうる。

局所性と流動性というこれら二点に留意しつつ、五つの事例から相対的に読みとることができる学問分野・領域間の関係は、おおむね三種類である。ここでは、それぞれ「協働型」「借用型」「差異化型」と呼んでおこう[35]。

異なる分野・領域に身を置く研究者らが相互に協力し合う「協働型」にあてはまるのは、第四章に登場する音楽理論家マイヤーと心理学者バートン・ロスナーの関係である。彼らは、音楽理論と心理学それぞれから関心を向けられていた旋律の知覚という問題に、意見交換を重ねながら取り組んでいた。

「借用型」とは、たとえば、ある分野の研究者がその分野の問題を解決するために、別の分野の方法や概念、理論などを援用するものである。協働型が双方向的な関係であるのに対して、借用型は一方向的である。第二・三・五章は、それぞれ別個の関心に根ざしてはいるが、借用型に分類できる事例を提示している（また、「借用型」について考える際には、コラム④もおおいに参考になるだろう）。

第二章では、音楽美学（あるいは音楽理論）を専門とするヴァラシェクがいかに心理学の知見を借用していたのかが詳らかにされる。この章で注目されるのは、専門用語の成立過程である。ヴァラシェクは、心理学者ジェイムズ・サリーの著作を参照・利用しつつ、「タクト」という語に重層的な意味を担わせている。

第三章に登場する田辺は、「日本音楽」を対象とした音楽理論の構築にあたって、シュトゥンプやヴントの心理学を援用している。この基盤の上に構築された田辺の「日本音楽」論は、その後、日本人とはどのようなものなのかという問題、つまり国民性と結びつけられていくことになる。こうした議論の展開には、戦中を生きた人間に特有の社会心理が現れているといえるかもしれない。

音楽学者でもあり哲学者でもあるデベリスの議論を紹介する第五章では、哲学的な問題を論じるにあたって、心理学や音楽理論の知見がおおいに活用されていることが示される。音楽に関する研究が別の分野の知見を借用する第二・三章に対して、これは、必ずしも音楽を対象としない分野が音楽に関する知見を借用している事例といえる。

「差異化型」にあたるのは第一章である。差異化型では、たとえば、ある分野の研究者によって他分野の方法や概念、理論などが言及・参照されるが、それは、借用型のように自身の分野の問題を解決するためではなく、自身の分野と他分野との違いを説明・強調するためになされる。それによって、自身の分野の独自性や正当性が主張されることもある。リーマンは、シュトゥンプやゲーザ・レーヴェースに対する批判を通して、自身が携わっている音楽美学がシュトゥンプやレーヴェースの音心理学とは異なるものであることを強調した。つまり、隣り合う領域との差異を強調することで、自身が身を置く学問領域の特質や位置づけを明確にしようとしたのだと考えられる。

以上、簡単ではあるが、「音楽理論や音楽美学が心理学とどのように関わってきたか」を考えるための切り口をいくつか示してきた。今後、音楽研究の歴史を科学史として捉え直すにあたっては、ここで挙げたもの以外にほかにもさまざまな見方が助けとなるだろう。本書がそのきっかけの一つになることを願う。

音楽に関わる心理学の歴史

音楽に関わる心理学の歴史は、これまでにも、複数の研究者がその大まかな流れを記述してきた。

たとえば、英語圏では前掲の『西洋音楽理論史』でロバート・ヤーディンゲンが音楽心理学に関する章(36)を、『音楽心理学ハンドブック』(二〇〇八年(37)、オックスフォード大学出版)でマイケル・タウトが研究史に関する章を執筆している。また、日本でも星野悦子が、自身が編者を務めた『音楽心理学入門』(二〇一五年)で、短いながらも音楽心理学の歴史を概説している(38)。

個別事例に焦点を絞る前に、これらヤーディンゲン、タウト、星野の概説をもとに、音楽学(音楽理論や音楽美学、音楽史)を専門とする立場から、音楽に関わる心理学の歴史の大まかな流れを辿っておく(39)。便宜的に「一九世紀後半」「二〇世紀前半」「第二次世界大戦後」の三つの時代に分けている。その流れの中で、個別事例に登場する人物にも適宜触れておこう。

1——一九世紀後半の音心理学

ここまで、「音楽心理学」とはいわずに、「音楽に関わる心理学」という少し歯切れの悪いいい方をしている箇所がある。というのも、「音楽心理学」という語が広く用いられるようになるのは、二〇世紀に入って以降だからである(「音楽心理学」というタイトルの学術書が登場するのは、一九三〇年代のことである☞コラム②)。それ以前に「音楽に関わる心理学」を指すために用いられていた語は、「音心理学」であった。音心理学の代表的な研究者には、ドイツで活動したヘルマン・フォン・ヘルムホルツ(一八二一〜九四年)とカール・シュトゥンプ(一八四八〜一九三六年)がいる。

ヘルムホルツの『音感覚論』(一八六三年)は「音の知覚に関する最初の生理学的研究」(Thaut

2016:893）であり、「音心理学」という語はシュトゥンプがつくったとされている（Green and Butler 2002:263）。ヘルムホルツやシュトゥンプは、物理学的な実験や生理学的な知見に基づいて、音楽と心理の問題に迫ろうとした。「音心理学」として彼らが取り組んだ代表的な問題の一つは、二つ以上の純音（サイン波で表されるもっとも単純な音）が同時に鳴り響いた際に、私たちがそれをどのように知覚するのかであった。そのため、彼らが対象としていたのは、音楽そのものというよりは、音楽を構成する素材あるいは要素だといえるかもしれない。この二人は、本書の第一～三章に登場する。

ヘルムホルツやシュトゥンプと同時代の重要な研究者に、ドイツのヴィルヘルム・ヴント（一八三二～一九二〇年）がいる。ヴントは、一八七九年、ライプツィヒ大学に実験心理学の研究室を開いた人物であり、この研究室はしばしば、世界初の近代心理学の研究室とみなされている。ヴントは、本書では第三章に登場する。また、総説の前半で確認したように、グイード・アドラーがウィーン大学に音楽学研究所を開設したのが一九世紀末だったことも、ここで改めて思い出しておきたい。そして、第二章に登場するリヒャルト・ヴァラシェク（一八六〇～一九一七年）もこの時代の人であった。

2――二〇世紀前半の心理学と音楽

次に目を向けておきたいのは、カール・シーショア（一八六六～一九四九年）である。スウェーデンに生まれて幼少期にアメリカに移住したシーショアは、その後、アメリカにおける音楽心理学の先駆者とみなされるようになる。シーショアは、アイオワ大学で教鞭を執り、音楽能力テストの開発や学術誌『アイオワ大学音楽心理学研究』の創刊（一九三二年）に従事した。一九三八年には『音楽の心理学』という著作も出版している（☞コラム②）。ただし、彼の音楽能力テストがあくまで音の弁別能力を測るものであり、音楽家としての成功を約束するものではないことは、これまでにも指摘されてきた。一方で、演奏表現を楽譜の機械的な再現からの「ズレ」と関連づけたシーショアの考え方は、現代の研究者にも支持されている[40]。

シーショアと同時期にヨーロッパで活動した研究者に、ゲーザ・レーヴェース（一八七八〜一九五五年、☞第一章）、エルンスト・クルト（一八八六〜一九四六年、☞コラム②）がいる。また、日本では田辺尚雄（一八八三〜一九八四年）が、「日本音楽」についての研究を進める上で心理学に関心を示していた（☞第三章）。

同時代にはさらに、マックス・ヴェルトハイマー（一八八〇〜一九四三年）、クルト・コフカ（一八八六〜一九四一年）、ヴォルフガング・ケーラー（一八八七〜一九六七年）という心理学者がいた。彼らはベルリン学派と呼ばれることもあり、しばしば、ゲシュタルト心理学を創始した研究者として紹介される。「ゲシュタルト」とはドイツ語で「形」「形態」「姿」などを意味する言葉で、心理学用語としては、大まかにいえば「個々の要素の単なる足し合わせではなく、それらの要素によって構成された全体としての知覚的形状[41]」のことを指す。たとえば「心理学」の「理」の字は、

「王」「口」「十」「土」といった要素から構成されている。しかし、私たちは、これらの要素を一つずつ認識し、それらをたんに足し合わせて「理」の字を知覚しているわけではなく、「理」という字の全体的なかたちでもって「理」を知覚している。そのような全体的なかたちが、ゲシュタルトである。ゲシュタルト心理学は、この全体的なかたちを知覚する能力についての心理学だといえる。ベルリン学派の研究は必ずしも音楽を対象としたものではなかったが、ヴェルトハイマーに大きな影響を与えたエルンスト・マッハ（一八三八〜一九一六年、☞第二章）やクリスティアン・フォン・エーレンフェルス（一八五九〜一九三二年）は、旋律についての考察を通して「ゲシュタルト」と呼ばれる性質をみいだした。また、ヴェルトハイマーとケーラーには音楽の素養もあったという。ちなみに、コフカとケーラーはいずれも、シュトゥンプのもとで博士号を取得している。(42)

ゲシュタルト心理学（あるいはゲシュタルトという単語）は、本書では第二章、コラム②、第四章に登場する。おおむね、第二章はゲシュタルト心理学の登場と同時期、コラム②はゲシュタルト心理学の成立後、第四章はゲシュタルト心理学の定着以降にあたる時期の事例をとり上げている。

ゲシュタルト心理学と同時期には、行動主義と呼ばれる考え方も登場した。心理学における行動主義は、主観的に報告される意識ではなく、客観的に観察することのできる行動を重視する立場であり、「刺激とそれに対する反応」を観察することによって知見を積み重ねた。歴史的には、アメリカのジョン・ワトソン（一八七八〜一九五八年）のいわゆる「行動主義宣言」(43)がその起点とみなされている。

行動主義は、とくにアメリカで大きな勢力を形成する。そのため、ナチスの脅威から逃れてアメリカに亡命していたベルリン学派のゲシュタルト心理学は、その亡命先ですぐには一定以上の影響力をもちえなかった。また、行動主義のもとでは、音楽は研究対象にはなりにくかった。というのも、「音楽は、個別の音とは違い、行動主義の「刺激—反応」のパラダイムに容易にはあてはまらなかった。動物の行動に関する研究である「比較心理学」を行動主義者が重視する中で、音楽には居場所がほとんど、あるいは全くなかった」(Gjerdingen 2002:969) からである。

ただし、行動主義が勢いをもっていた一九三〇年代にあっても、音楽に関する心理学研究が全くなかったわけではない。たとえば、アメリカで教鞭を執っていたケイト・ヘヴナー(一八九八〜一九八四年)は、楽曲のもつさまざまな要素を変化させつつ、それに適した感情を表す形容詞を被験者に選択させることで、音楽と感情の関係について考察した。この頃には、心拍数や呼吸数、血圧、皮膚の電気的な抵抗といった生理的な要素からも、音楽に対する感情的な反応が議論され始めていたようだ。しかしながら、音楽と感情に関する心理学研究はいったん下火になり、後述する認知心理学が登場したのち、一九九〇年代に再び本格化する(44)。

3——第二次世界大戦後の音楽心理学

一九五〇年代になると、それまで主流だった行動主義にはかげりがみえ始め、新たな潮流として、人間の意識に焦点をあてる認知心理学が現れる(ときに「認知革命」とも呼ばれる)。認知心理学は、四〇年代の数学・工学分野における発展を基盤としつつ、「人間の心をコンピュータのような情報処理過程として見立てて、それを手がかりに意識の過程を研究してゆこうとする」。また、「ゲシュタルト心理学は、行動主義が内的過程を軽視したのに対し、一貫して意識のはたらきに言及しており、そうした点で認知心理学に先鞭をつけたと言える」（大芦 2016:9, 157）。この認知心理学では、知覚・記憶・思考・注意といった心的な機能が考察の対象になった。

　音楽に関わる研究も、ゲシュタルト心理学の知見を基盤に、発展途上にあった認知心理学の考え方を徐々にとり入れていった。この頃（一九五〇〜七〇年代）に活躍した代表的な人物には、たとえば、アメリカのレナード・マイヤー（一九一八〜二〇〇七年、☞第四章）、フランスのロバート・フランセース（一九一九〜二〇一二年）、カナダのダニエル・バーライン（一九二四〜七六年）がいる[45]。いずれも、音楽の美的側面に、知覚との関係から迫ろうとした人物である。マイヤーは、心理学だけでなく、音楽理論や音楽の意味作用、音楽様式の変遷といった問題にも貢献した人物であり、『音楽の知覚』（一九五八年）で広く知られるフランセースは、「メロディ知覚や演奏の研究、実験美学[46]など幅広い業績を残した」（星野 2015:7）。バーラインは、「最適複雑性モデル」という、適度に複雑な楽曲が好まれることを示したモデルでよく知られている[47]。

　一九七〇年代から八〇年代には、認知心理学の考え方が音楽に対しても本格的に導入され、研究がより活発になっていく（心理学に留まらず、学際的な学問分野を指す「認知科学」という言葉も用いられる）。「音楽の心理学」という言葉も、一九八〇年代に「音楽認知」にとって代わられたという

(Gjerdingen 2002:976)。この頃の研究者には、旋律の知覚に関する研究を行ったダイアナ・ドイチュ（一九三八年〜、☞第四章）、ウォルター・ダウリング（一九四一年〜）、アルバート・ブレグマン（一九三六年〜）、和声や調性に関する研究を行った人物としてロジャー・シェパード（一九二九〜二〇二二年）、キャロル・クラムハンスル（一九四七年〜、☞コラム③）がいる。

音楽認知に関する研究の成果に基づいた音楽理論も現れ始めた。代表的なものが、音楽理論家で作曲家のフレッド・レアダール（一九四三年〜）と言語学者のレイ・ジャッケンドフ（一九四五年〜）の『調性音楽の生成理論』（一九八三年、Generative Theory of Tonal Music, ＧＴＴＭ）である。この著作は、生成文法と呼ばれるノーム・チョムスキー（一九二八年〜）の言語学理論に依拠しつつ、認知心理学の成果やマイヤーのリズム理論を参考にしたものであった（☞コラム③・第五章）。

二〇世紀も終わりに近づくと、脳科学的なアプローチが普及し、脳活動を可視化するさまざまな技術が音楽研究でも活用され始めた[48]。また、知覚心理学だけでなく、発達心理学や社会心理学（☞コラム①）といった領域においても音楽が広く研究対象となり始め、音楽とアイデンティティの関係に対しても心理学的なアプローチが試みられているほか、音楽と感情の関係についての研究も再び盛んになっている。

加えて近年では、情報処理の分野とも交流が進みつつあり（☞コラム③）、哲学分野では、心理学などの知見を積極的に参照した研究が活況を呈している。「心の哲学」と呼ばれる領域だ（☞コラム④）。その中でも先駆的なのが、ＧＴＴＭなどの音楽理論にも目を配ったマーク・デベリスである（☞第五章[49]）。

最後に、本書のおもな登場人物や研究史上の重要人物の関係を示した相関図（図8）を挙げておくので、表3とあわせて参考にしてほしい。

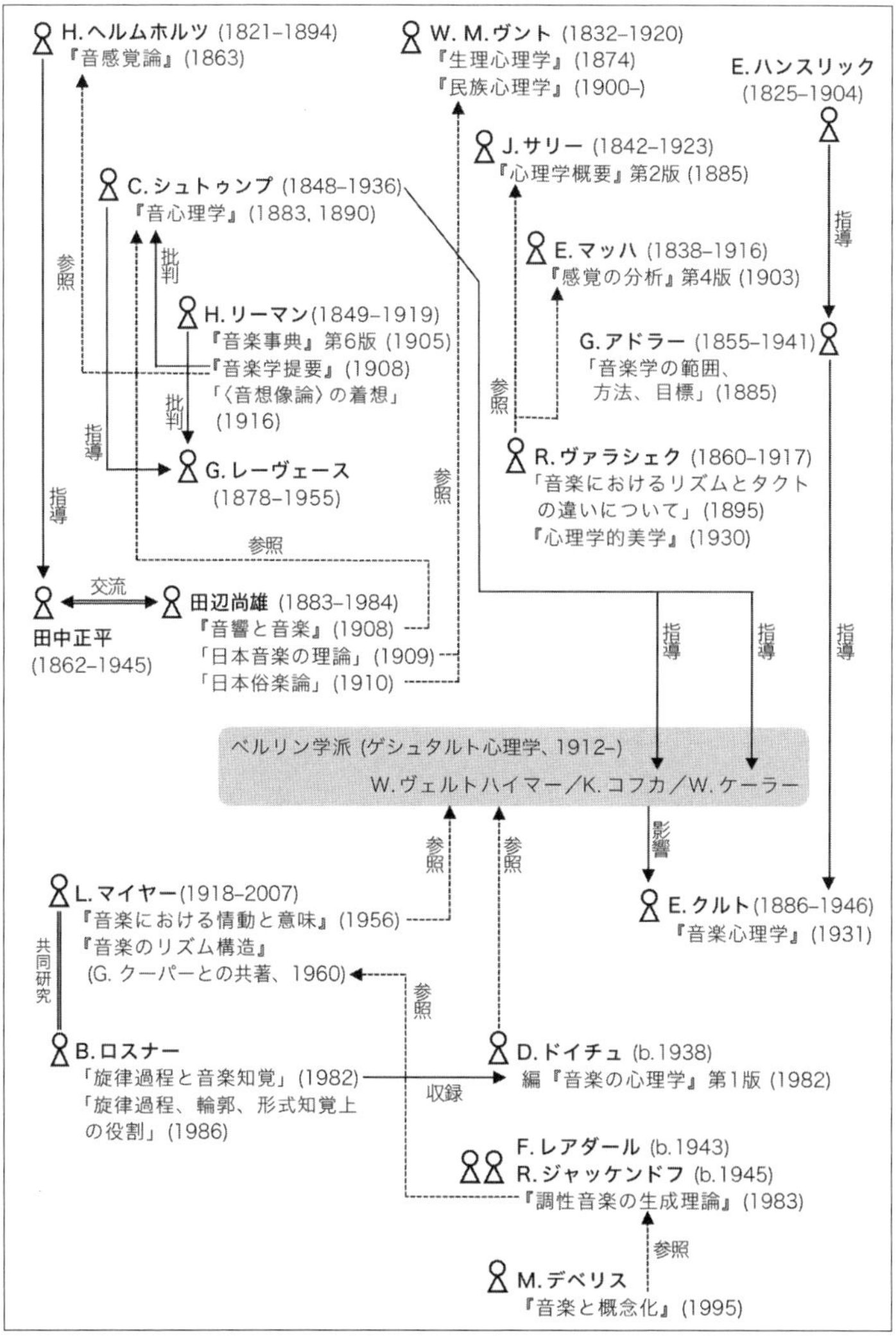

図8　個別事例の主要な登場人物およびその周辺人物の関係

註

（1）後述のように、自然科学と人文科学にはっきりとした境界線を引くことは難しいが、科学史を冠した書籍のうち、自然科学と人文科学の両方にまたがるものとして、近代心理学の科学史に高橋（2016）が、植民地フィールドワークの科学史に坂野（2016）、農業研究の科学史に並松（2016）がある。

（2）本書の土台となったのは、二〇二一年一一月一三日に開催された日本音楽学会第七二回全国大会のパネル企画「心理学・音楽理論・美学――変化するメソドロジー」（コーディネーターを小寺未知留、パネリストを西田紘子、小川将也、小寺未知留、源河亨、コメンテーターを野家啓一が務めた）である。本書は、そこで得たさまざまな意見を参考にしつつ修正・発展させるかたちで企図された。

（3）ヨーロッパ諸国、ロシア、アメリカ、ラテン・アメリカ、日本を含むアジア諸国における音楽学の黎明期については、Wald-Fuhrmann und Keym（2018）が参考になる。

（4）ドイツ語では Musikforschung（音楽研究）と Musikwissenschaft（音楽学）のように使い分けられる。英語では音楽研究を指して Music Studies などの語が、音楽学に対応する語としては Musicology が用いられる。

（5）現代までの音楽（学）研究を紹介した試みのうち、日本語で読めるものに根岸・三浦（2004）や沼野（2022）がある。さらに、西欧を皮切りに制度化された音楽学を乗り越えようとする音楽研究も活発化して久しい。例として、それまでの音楽学の対象に疑問を付したクリストファー・スモールによる『ミュージッキング――音楽は〈行為〉である』(2011)が挙げられる。近年は、ミュージッキングの概念をさらに発展させた試み(野澤・川瀬 2021)により、音楽研究の学際性と対象の拡張は進み、西欧中心主義を批判する音楽研究もあまた世に出ている。例として徳丸ほか(2007)。

(6) 野家 2008:37–38, 60–64; 隠岐 2018:44–45

(7) 英語の science やドイツ語の Wissenschaft を「科学」と日本語に訳す歴史的背景や、日本における諸科学の制度化は、隠岐(2018)の第二章や岡本(2021)の第一章で触れられている。

(8) 一九世紀における近代心理学の成立過程については、高橋(2016)が詳しい。現代までの心理学史の入門書としては、大芦(2016)が読みやすい。

(9) 一八九八年にはベルリンに国際音楽協会が設立された。日本では、一九四九年に東京藝術大学に楽理科が設置された。それに先立つ一九三六年に、東洋音楽学会が設立されている。戦前の日本における音楽研究の状況については、本書第三章およびゴチェフスキの研究(Gottschewski 2018)を参照されたい。

(10) Rickert 1899; Windelband 1894 ディルタイの精神科学論は変遷していくため、『ディルタイ全集』第一・二・四・七巻を中心に参照されたい。隠岐 2018:53–54; 野家 2013:21, 34

(11) 現今の国の制度との関係や、科学者としてのあり方の議論については、初田・大隅・隠岐(2021)が手に取りやすい。

(12) 例として質的研究方法と量的研究方法のあいだにみられる学問的客観性に対する考え方の違いが挙げられる。

(13) 同じような概念であっても分野によって異なる名で呼ばれるといった事態が生じる。たとえば心理学におけるトーンクロマと音楽理論におけるピッチクラスは、類似しているが厳密には異なる概念である(大串 2019:136–137)。また、modulation という語は、音楽理論では転調を意味することが多いが、音響学などの工学系分野では、周波数変調といった変調の意味も有している。
（14）本書では、一つの学問分野に含まれる下位分野を「（学問）領域」と呼ぶ。
（15）このハルモニアという概念が、英語のハーモニー（和声）の語源になっている。ピュタゴラス派の伝統がどのように受け継がれていったかは、西田・安川（2019）の第一章が参考になるだろう。
（16）古代ギリシアにおける音楽のエートス論については、上垣・根津（2014）が詳しい。
（17）学問分野としての（「感性の学」を意味する）美学は、一八世紀半ばにアレクサンダー・バウムガルテン（一七一四〜六二年）によって提唱された。小田部 2020:3, 33-35
（18）伝記の初の大作は、ジョン・マナリングによるヘンデル伝（一七六〇年）といわれている（ボンズ 2022:54, 218）。伝記記述については同書の第六章を参照されたい。
（19）井上 2006:23, 146; 徳丸 2016:153-154 なお、アドラーの論文「音楽学の範囲、方法、目的」と同じ一八八五年に、イギリスのアレクサンダー・ジョン・エリスは「諸民族の音階」という論文を発表し、一オクターヴを一二〇〇に分けるセント法を開発して諸民族の音階論に適用した。このことから、一八八五年は比較音楽学の成立にとって重要な年とみなされている（☞第二章）。
（20）アドラーによる分類の歴史的背景やその前史、以後の諸領域の展開については、根岸・三浦（2004）の序論で概観することができる。アドラーは、西洋音楽を歴史的部門に、それ以外の音楽を体系的部門に分けている。西欧以外の地域の音楽を民族音楽とする考え方にみられる西洋中心主義には、批判が寄せられて久しい。たとえば以下。井上 2006: 序論 ; 徳丸 2016:152
なお、第二次世界大戦後のドイツ語圏では、体系的音楽学と比較音楽学は分離する。デ・ラ・モッテ＝ハーバーの論考「体系的音楽学の範囲、方法、目的」（一九八二年）では、比較音楽学あるいは「音楽民族学Musikethnologie」は独立した領域として体系的音楽学には含まれず（de la Motte-Haber 1982:21）、音楽理論、音楽美学、音楽社会学、そして音楽心理学が体系的部門のおもだった領域となっている。こうして現在、ウィーン大学の音楽学研究所における教育研究は、歴史的音楽学、比較音楽学（民族音楽学）、体系的音楽学という三つの領域に大別されている。https://musikwissenschaft.univie.ac.at/studium/（二〇二二年二月二〇日閲覧）

(21) 西欧、とくにドイツではそれ以前から音楽が「心の言語」と形容されていた。ボンズ（2022）を参照されたい。

(22) アメリカの大学では音楽理論が独立した教育研究領域として設けられていることが多い。たとえば一九五〇年代にいち早く音楽理論の専門誌を発行したイェール大学人文科学大学院（演奏者養成を主とするイェール音楽院とは別の組織）の音楽学部では、現在、基本的には音楽史、音楽理論、民族音楽学の三種類の博士号が取得可能である。https://yalemusic.yale.edu/graduate/introduction（二〇二二年二月二四日閲覧）

(23) Burkholder（1993）など。

(24) Davies（2003）など。音楽美学に特化した専門学会は必ずしも多くはなく、一般的には、哲学や美学の専門学会における一領域として認識されている。

(25) カーマンほか（2013）やクレイトンほか（2011）がその例である。

(26) フランスの音楽学黎明期における心理学との関係を論じたものに山上（2010）、一九世紀末ドイツの音楽理論と心理学の関係を論じたものにKim（2014）がある。これらは歴史研究の立場からなされたものであるが、それ以外にも、理論的考察を深める上で心理学者や音楽理論家が分野間の関係性について論じることもある（Krumhansl 1995; Ockelford 2016）。

(27) たとえば、一八五六年にウィーン大学で初めて音楽史の講義がエドゥアルト・ハンスリック（一八二五〜一九〇四年）により行われたが、法学部や哲学部、薬学部の学生や、六〇人を超える社会人など、多彩な分野の人たちが聴講していた（Singer 2020）。

（28）日本では、先述の東洋音楽学会に続き、一九五二年に日本音楽学会が、一九九四年に日本音楽知覚認知学会が発足した。

（29）田辺尚雄『女の美容と舞踏』巻頭（内田老鶴圃、一九一九年）より。

（30）ダイアナ・ドイチュ公式 Web サイトより。https://deutsch.ucsd.edu/psychology/pages.php?i=101（二〇二二年一一月一三日閲覧）。

（31）以下の文献巻頭より。Eugene Narmour and Ruth A. Solie (ed.). 1988. *Explorations in Music, the Arts, and Ideas: Essays in Honor of Leonard B. Meyer.* Stuyvesant, N. Y.: Pendragon Press.

（32）インターナル・アプローチとエクスターナル・アプローチについてのここでの説明は、直接的には松本（2016:110）を参考にした。「本書に寄せて」でも触れられているが、クーン（1987）は、科学史におけるインターナル・アプローチとエクスターナル・アプローチが互いに補い合うものであると強調した。また、クーン以降、科学と社会の関係に着目する研究領域として、科学社会学と呼ばれるものが展開されていることを付け加えておく（松本 2021）。

（33）本書の「本書に寄せて」にある「〔特定の〕学問分野（discipline）に限定した上で（一一頁）」といった文言、またクーン（1987）の以下の一節では、ほかの学問分野・領域との関わりもまたエクスターナル・アプローチの守備範囲にあることが示唆されている。「とりわけ、諸科学を、専門諸分野のたんなる集まりとしてではなく互いに相互作用し合う集団とみなすときには、累積してゆく外的諸要因の影響が決定的となりうるのである」（145）。

（34）「本書に寄せて」にもあるように、クーンは、自身のパラダイム論と矛盾しないかたちで、インターナル・アプローチとエクスターナル・アプローチを補完的なものとするパースペクティヴを示した。エクスターナル・アプローチは、その中では、科学革命期の記述に不可欠な手段として位置づけられている。しかしながら、学際的であり、かつ、音楽という文化的な現象を対象とする音楽研究史についての記述が、クーンのこの図式にそのままあてはまるかどうかは定かではない。事例のさらなる蓄積と考察が必要だろう。

(35) 学問分野間の関係を分類したものには、たとえば『学際性ハンドブック』第二版の第三章(Klein 2017)がある。この章では、学際性の類型学を概観しており、分野間の統合の程度や既成分野からの変容の程度に応じて「多領域性 multidisciplinarity」「学際性(間領域性)interdisciplinarity」「超領域性 transdisciplinarity」という語が用いられてきたことが紹介されている。「協働(あるいは協力)」「借用」はいずれも、分野間の統合の程度を示す語として用いられている。しかし、借用に際して半ば不可避に生じる概念の改変について踏み込んだ議論はなされていない。また、「差異化」については、ケヴィン・コーシンが提示した「不当化の語り narratives of delegitimation」(Korsyn 2003:79)――自身が所属するものとは別の分野を不当なものだとすることで、自身の分野の正当性を主張する語り方――という考え方を参考にした(☞第四章)。

(36) ヤーディンゲンの章は、同書の第四部B「音楽心理学」に収められた二つの章のうちの一つである。もう一つの章は、一九〇〇年前後のドイツ語圏に現れた「エネルギー学派」と呼ばれる音楽理論家らに関するものであるが(Rothfarb 2002)、ここでは触れない。

(37) 本章では、第二版(2016)を参照した。

(38) 本書では詳しく言及しないが、星野は、欧米における音楽心理学の歴史と並行して、日本の研究史についても概観している。

(39) ただし、これら三つの概説も、その細部――言及している研究者や時代区分の設定など――はそれぞれで大きく異なっている。このことから、音(楽)心理学史の「定番の型」といえるようなものはないと推察される。

（40）　正田・山下 2015:214; 大串ほか 2020:234

（41）　『APA心理学大辞典』の以下の「ゲシュタルト」の項を参考にした。「個々の要素では処理がなされない全体的形状の特性を与えるように、統合あるいは相互作用する要素から構成された全体的な知覚的形状のこと（形、形状、全体性などを含む）」（ファンデンボス 2013:235［2007:409］）。

（42）　大芦（2016）が述べているように、ゲシュタルト心理学の登場・成立がベルリン学派のみに帰されるものではないことに留意しておきたい。たとえば、一九三五年にレーヴェースとともに心理学の専門誌『アクタ・サイコロジカ』を創刊したデイヴィット・カッツ（一八八四〜一九五三年）は、ゲシュタルト心理学に貢献したゲッティンゲン学派の一人とされる（Piéron 1956）。

（43）　心理学の専門誌『サイコロジカル・レヴュー』に掲載された論文「行動主義者からみた心理学」（Watson 1913）のこと。

（44）　山崎 2015:137–138

（45）　一九五〇年代には、ほかにも重要な研究者に、アメリカのポール・ファンズワース（一八九九〜一九七八年）がいる。彼の『音楽の社会心理学』（一九五八年）は、音楽を対象とした社会心理学の先駆的な研究とされる。

（46）　実験美学とは、「自然物や芸術形式およびその構成要素について実験心理学的手法を用いて研究すること」（ファンデンボス 2013:364［2007:354］）であり、いわば心理実験に基づいた美についての考察である。歴史的にはグスタフ・フェヒナー（一八〇一〜八七年）が創始したものと考えられており、バーラインもしばしば実験美学の研究者とみなされている。

（47）　大串ほか 2020:119–120　複雑さと好みの関係を示したグラフは「逆U字曲線」と呼ばれており、もともとはヴントが提示したものとされる。このグラフについてはマーギュリスの解説がわかりやすい（2022:161–

166）。また、楽曲に対する好み（選好）と楽曲の複雑さの関係については、数理的にも研究がなされている（☞コラム③）。

（48）そのような技術について詳しくは、たとえば、宮澤・田部井（2015）や大串ほか（2020）の第八章「音楽と脳」を参照のこと。

（49）本書を読み進める上で、あるいは読み終えたあと、さらに知識を広げるための参考書として、近年出版された音楽心理学の入門書をいくつか挙げておく。知覚や認知のトピックを中心に、太田（2021）、大串・桑野・難波（2020）、星野（2015）、マーギュリス（2022）、Hallam, Cross and Thaut（2016）などがある。

Column - 1

コラム① 社会の中の音楽と心理学

佐藤典子

本コラムでは、個別事例やほかのコラムでは扱われない、音楽の心理学に含まれる近年のさまざまな領域について紹介する。

本書の目的は、主として「音楽学」がとくに「心理学」の知見をどのように参照し、とり入れてきたかを探ることであり、その場合の「心理学」とはおもに、音や音楽を聴き手がどのように知覚・認知するかを対象としている。たとえば旋律の認知の様相を捉える研究等は、一九七〇年代以降の音楽心理学において中心的な位置づけにあったといえるだろう。そのような、音楽の認知を扱う研究、中でもおもに知的な情報処理をテーマとする研究が集中的になされた時期を経て、二〇〇〇年代からは音楽の感情に関わる情報処理を扱う研究も増加し、脳に関わる研究の発展も含め、この領域の実験的研究が扱う範囲は広がり続けている。さらに今日の音楽心理学には、知覚・認知の基礎研究に留まらず、音楽行動の発達を扱う研究、音楽に関する社会心理学の研究、音楽教育や音楽療法の実践に重きを置く諸研究、産業における音楽の活用に関する研究等、より応用的なものも含めることができる。このような音楽心理学の広がりについて学ぶ上では、星野ほか（2015）等も参考になるだろう。

具体例を挙げよう。このコラムでは、いずれも筆者が携わった、「音楽大学への進学理由」に関する研究と、「音楽聴取の心理的機能」を扱った共同研究を紹介する。これらは、音楽の教育・発達あるいは社会心理学の領域における研究事例といえる。どちらも、質問紙を用いたアンケート調査と、回答の統計的分析という方法を用いている点に特徴がある。

まず、「なぜ音楽大学へ進学したのか」を探った研究（佐藤 2019）では、進学に関わる心理・社会的要因について多角的な分析を試みた。音楽大学へ進学する理由には、一般大学のそれとは異なる点があるのではないか、進学後に大学に適応できているかどうかは進学理由と関係しているのではないか、という疑問が研究の出発点である。

最初に、音楽大学の一・二年生を対象に、進学理由についてのアンケート調査を実施した。「音楽は自分の一部分であり、やめられないと思ったから」「専門的な知識や技術を身につけたかったから」「自分の能力を生かすことができると思ったから」等の質問項目を提示し、「あてはまる」〜「あてはまらない」の五件法で回答してもらった。そのうち女子学生・三七八名の回答データに対して統計的分析（斜交因子分析）を行った結果、進学理由に関わる五つの因子（「将来展望」「能力活用」、自己と音楽の一体感に関わる「音楽的同一性」（この分析を行った際は「同一視」としていた)、「他者の勧め」「消極的動機」)がみいだされた。「将来展望」「能力活用」「音楽的同一性」の三つの因子は、そのうちのどれか一つが高い値をとればとるほど、ほかの因子も高い値をとる関係(正の相関)にあり、いずれも積極的な動機を示すものといえる。さらに、音楽大学への進学理由が、大学における適応に影響を与えるのかを検討するために統計的分析(共分散構造分析)を行い、異なる専攻間(「ピアノ」「管楽器」「声楽」「教育」)でも比較したところ、すべての専攻において、これら三つの因子をまとめた上位因子「積極的動機」が大学での適応感を高めることが示された。つまり、進学理由が積極的なほど、大学でも適応しやすいといえそうである。

さらに、大学での適応感を高める可能性が示された三因子(「能力活用」「将来展望」「音楽的同一性」)の形成に影響を与える要因(「大学入学以前の音楽経験」「進学に対する家族のサポート」「家庭の音楽環境」)について検討するため、データを追加して分析を行った(共分散構造分析)。進学理由にもっとも直接的な影響を示したのは、家族のサポートであった。一方で、音楽経験は進学理由にあまり影響しなかったが、学生の専攻によって影響の程度には違いがみられた。音楽環境からの影響については、直接的というよりも、家族のサポートを介した間接的なものであることが示唆された。

このように、一般的な大学への進学動機に関する研究でみいだされたものと類似する「将来展望」や「能力活用」といった因子が確認された一方で、「音楽的同一性」は、音楽を専攻する学生の認知の特徴を示す因子であると考えられる。さらに、積極的な理由で進学する背景としては、本人の音楽経験や家庭の音楽環境よりも、家族のサポートを学生が十分感じられるかどうかが大切であることもわかった。また、この研究では、サポートの得やすさにジェンダー・バイアスが存在する可能性も示唆された。

次に、「なぜ人は音楽を聴くのか」、いい換えれば、音楽を聴くことにはどのような役割があるのか（音楽聴取の心理的機能）について扱った共同研究（池上ほか 2021）を紹介する。音楽聴取がもつ心理的な機能と、個人によってその機能が異なる理由を明らかにしたいというのがこの研究の出発点である。一五～八八歳の参加者・計九一六名に、音楽聴取の心理的機能について評定を求め、さらに基本的なパーソナリティ特性（外向性、協調性、誠実性、情緒不安定性、開放性のビッグ・ファイヴ）についても既存の尺度を用いて測定を行った。

こうした問いに取り組んだ研究者はこれまでにもいた。ドイツのシェーファーら（Schäfer et al. 2013）である。彼らは、音楽の機能や利用法に関する文献を精査した上で、音楽の心理的機能を測定する一二九項目からなる質問紙を構成し、幅広い年齢のドイツ人・八三四名に対して七段階で回答を求めた。統計的分析（主成分分析）の結果、潜在的な三成分（「覚醒と気分の調整」「自己認識」「社会的関係」）が抽出されている。シェーファーらの方法や結果はおおいに参考になりそうだ。

しかし、音楽聴取がもつ心理的な機能は、国や文化によって異なっていると考えられる。そこで日本で調査するにあたっては、シェーファーらが用いた全一二九項目の翻訳を許可を得た上で行い、そこに、日本における音楽聴取の心理的機能を測定するための二六項目を加えた。さらに、意味内容が似ている項目や回答しにくいと判断された二二項目を除き、計一三三項目とした（「音楽は気晴らしになるから」「大音量で聴くのが好きだから」など）。教示では「音楽を聴くことにはどのような心理的な機能があるのかについて尋ねる」ことを明示した上で、「あなたはなぜ音楽を聴きますか？」と尋ね、各項目についてどの程度あてはまるか〇～六点の七段階で回答を求めた。

統計的分析（因子分析）により音楽聴取の心理的機能の七因子、すなわち「自己認識」「感情調節」「コミュニケーション」「道具的活用」「身体性」「社会的距離調節」「慰め」が抽出された。これら七つの機能においては、回答者の性別、年齢、パーソナリティ特性によって個人差がもたらされることが示された。

今回紹介した研究がとり上げたテーマは、とくに国内の音楽心理学の領域では、これまであまり注目されてこなかったものである。とはいえ、どちらも人間にとって音楽がどのような意味をもつのかを考察していくためには、中核的なテーマといえるのではないだろうか。そのような研究の一端でもお伝えできたとすれば幸いである。

第一章　心理学を介した音楽美学＝音楽理論の領域化
音心理学に対抗するリーマンの音想像論

西田紘子

はじめに

音楽研究にはさまざまなアプローチがある。学問領域の名称をみても、音楽理論、音楽美学、音楽史、音楽心理学、民族音楽学、音響学、音楽社会学など、その幅はかぎりなく広い。現在まで、こうした複数の領域を束ねる分野名の一つとして「音楽学」という呼称が知られてきた。[1]この語はいつ頃、登場したのだろうか。意外にも遠い過去ではなく、認知され始めたのは一九世紀後半の西欧においてである。地域によって異なるが、この時期以降、大学に音楽学研究所が設立されるようになった。そのため、一九世紀後半から二〇世紀初頭にかけての時期は、一般に「音楽学の黎明期」とみなされている。

しかし、総称には曖昧さがつきものだ。総説でみたように、現在も音楽学の対象や方法は流動的で、内と外の境界線をはっきりと引くことが難しい。音や音楽に関係した研究であっても、それを音楽学に含める人もいればそう捉えない人もいる。時代を現今から一九世紀後半にまで広げてみると、境界の流動性はもっとはっきり現れてくる。

　こうした分野間の関係、あるいは、分野に含まれる領域間の関係は、いっけん些末な問題に思われるかもしれない。社会を変える画期的な研究成果に比べれば、どこまでが●●学で、どこまでが△△学ではないのか、○○法は■■学にふさわしい方法なのか否か、といった議論を不毛に感じる人もいるだろう。しかし、分野・領域の関係を問う議論は定期的に行われてきているし、その協働や軋轢こそが「科学＝学問 Wissenschaft」を進展させてきたという面もある。

　科学史というパースペクティヴからみると、この種の議論は、その時代・地域の学問世界の実態を私たちに教えてくれる好材料となる。それだけでなく、学問をめぐる社会の価値観を映し出す鏡にもなりうる。そこで、個別事例の出発点である本章では、次のような視点をとってみたい。「ある分野・領域の研究はどのような範囲と方法で行われるべきであると考えられてきたか」という視点である。

　とり上げるのは、ドイツの音楽学黎明期にこうした議論を展開したフーゴー・リーマン（一八四九〜一九一九年）である。一九〇八年、ライプツィヒ大学に「コレギウム・ムジクム」という名の音楽学研究所を設立したリーマンは[2]、機能和声の理論を体系化し[3]、音楽史や音楽美学などのかなり広範囲にわたる著述家として知られてきた。日本の音楽学とも関係が深い。リーマンが『音楽学提要』（一九〇八年）で論じた音楽学の枠組みは、乙骨三郎（一八八一～一九三四年）によって一九一〇年代に日本に紹介され、それ以降、田辺尚雄ら音楽学黎明期を生きた人々に少なからぬ影響を与えた。[4]

本章のタイトルにあるように、リーマンは、音楽美学と音楽理論をイコールで結んだ。一方で現在の欧米では、美学と音楽理論にそれぞれ固有の学会誌がある。そのことからも、両者を同一の領域であるかのように並べるのはあまり一般的ではない。なぜ彼はそんなことをしたのだろうか。

諸領域を定め、関係づけるこのような行為を、本章では「領域化」と呼ぶことにするが、ある物事を領域化するとき、そこには領域には属さない別の物事が存在する。つまり領域化は、そこには属さない領域の存在を伴うことになる。二〇世紀初頭のドイツを生きたリーマンに特徴的なのは、自身が専門とした領域には属さない領域に、心理学——当時の語でいえば「音心理学」——をすえ、領域間のギャップを強調したことである。

どうしてそのような戦略をリーマンはとったのか。以下の手順でみていこう。まず第一節では、リーマンが音楽に関わる学問領域をどのようにデザインしたのかを確認する。第二節では、そのような領域化に至った要因の一つとして、協和と不協和をめぐる音心理学者カール・シュトゥンプへの批判をみていく。そして第三節では、音心理学者ゲーザ・レーヴェースとの論争を手がかりに、リーマンが希求した学問領域の対象に迫る。

1 遅れてきた学問

学問分野や領域がいつ頃、一般に認知されたかを知るには、その名称が事典類に登録された時期が一つの目安になる。リーマンは、キャリアの比較的初期にあたる一八八二年から、『音楽事典』の編纂者として活動した。この事典は、国内外の多数の関係者から協力を得て編まれ、生前に八つの版を重ねて各国語に翻訳された。そうした持続性と国際的プレゼンスを誇る『音楽事典』を覗いてみると、版を重ねるごとに情報が更新・追加されており、まさに当時の音楽研究が日進月歩する足跡が刻まれているのがわかる(5)。

この事典で「音楽学 Musikwissenschaft」の語が正式に立項されるのは、リーマンがライプツィヒに音楽学研究所を設立する三年前の一九〇五年(第六版)である(6)。この項目は次の文で始まる。

> 音楽は、ほかの芸術よりもずっと遅れて真面目な学問研究の対象として認められた。
>
> (Riemann 1905:901r)

もちろん音楽論などは古代より書かれてきたが、近代科学=学問の対象となったのは最近というわけだ。次の第七版(一九〇九年)では情報が追加され、「音楽学の各領域を要約するだけでなく、重要な文献も載せた」参考書として、自身の『音楽学提要』を挙げている(Riemann 1909:970*l*)。まさにこの時期に、諸領域を束ねる学問分野に音楽学を位置づけようという考えが、彼の中で強まっていたようである。

一方で、この『音楽事典』第六版に、別の重要な語があらたに登録されていることも見逃せない。「音心理学」である。この項目は次の文で始まる。

> 音心理学は、音楽聴取の法則究明を課題とする音楽学の最新の一部門である。数学や物理学、さらには生理学の領域における響きの性質等に関する研究を心理学の領域に移し、主として**音知覚**と**音判断**に取り組んでいる。
> (Riemann 1905:1347r)

音心理学の中心人物はカール・シュトゥンプ（一八四八～一九三六年）であるという。「音心理学 Tonpsychologie」という語は昨今あまり耳にしないが[7]、科学史のパースペクティヴからすると、音心理学と、のちに登場する音楽心理学などの語は、区別しておきたい。

項目の最後には、この最新の領域に対するリーマン自身の評価が添えられている。

> 音心理学者たちの勤勉な研究〔Bienenfleiß〕は感謝に値するとしても、そっけなくこういわねばなるまい。これまでのところ、音楽理論の基盤にとって音心理学の研究から得られるメリットはごくわずかであると。
> (Riemann 1905:1348l)

ミツバチ（Bienen）のように勤勉であっても、音楽理論にはほとんど益するところがないという。事典にこうした主観的な意見が記されているのをみると、現代の私たちはやや戸惑いを覚える。だが、この音楽事典には、リーマン自身の立場や学説を国内外に周知・普及させるという意図も込められていたようだ。

しかし、あらたに立てられたばかりのこの項目は、次の第七版でさっそく項目名そのものが変更される。項目名（冒頭の太字の語）を含めた最初の一文を引用する。

音生理学（音感覚の生理学）、あるいはこの頃よくいわれる音心理学は、聴取の事象に関する研究の自然科学的方法である。

(Riemann 1909:1432r)

音生理学と音心理学が並列されていて、しかも前者のほうが項目名として筆頭に置かれている点、そして、研究方法が自然科学のものであると特徴づけられている点が目を引く。音生理学と音心理学がはっきりと区別されていない点については、当時は生理学という分野から心理学が分化・独立していく過渡期であったことを考えると、それほど意外な事態ではない。

また、この領域に対するリーマンの評価は、第六版に比べて詳しくなっている。

協和と不協和の区別からして、狭義の音生理学の領域ではなく、音刺激の精神的処理に取り組む音楽美学の領域に属する。つまり生理学的受容ではなく、論理的機能の能動的活動である。[8]〔中略〕それゆえ音生理学は、これまでのところ、協和や調といった概念を範囲に含めようとして挫折してきた。生理学的または心理学的基礎づけを音楽理論に授けようとする試みは、どれも水泡に帰している。

(Riemann 1909:1432r–1433l)

興味深いのは、ここで、協和と不協和の問題は音生理学や音心理学の対象ではなく、音楽美学の対象であると断言されている点である。というのも、その問題は、当時すでにシュトゥンプによって音心理学の領域で議論されていたからである。おまけに、シュトゥンプがその際に提示した重要な概念「音融合」は、『音楽事典』第五版（一九〇〇年）であらたに立項されたものの、第七版で削除されてしまうのだ。

奇妙にも思えるこの流れをまとめると、次のようになる。リーマンは、世紀末以降、シュトゥンプを中心に進められた音心理学の研究に関心を寄せ、その研究内容をフォローし、かなめとなる概念を音楽事典に登録していた。しかし、第六版と第七版を出版するあいだ、つまりライプツィヒ大学に音楽学研究所を設立し『音楽学提要』を出版するうちに、音心理学の研究は音楽理論や音楽美学の役には立たないと強く思うようになる。その結果、音心理学に関わる重要な項目を事典から削除したり、記述内容を変更したりしたのである。

では、ここで登場した「音楽学」「音心理学」「音楽理論」「音楽美学」は、どのような関係にあるのだろうか。表1は『音楽学提要』の章区分（左欄）とそのサブカテゴリー（右欄）である。『音楽事典』にも記されていたとおり、音楽学は諸領域を束ねる総称で、それ以外はその内部領域として位置づけられている。

音楽学の領域に音響学が含まれていること、音生理学と音心理学、そして音楽美学と思弁的音楽理論が一つの領域にまとめられていること、音楽理論が思弁論と専門論に分けられていること、民族音楽学（当時の語では比較音楽学）が含まれていないこと、といった点が現代の目からみて特徴的だ。

次節では「音生理学（音心理学）」と「音楽美学あるいは思弁的音楽理論」に焦点を絞り、これらがどのような領域で、どのように関係づけられているかをみていこう。

章（領域）	節（サブカテゴリー）
音響学	音の発生メカニズム、音特性と調律、音速、音響現象
音生理学 (音心理学)	音刺激に対する聴覚反応、音融合と音弁別、複雑な音判断、デュナーミクとアゴーギク
音楽美学あるいは思弁的音楽理論	基本的要素（メローディク・デュナーミク・アゴーギク）、和声法、動機構成、リズム、内容美学
音楽の専門論 (狭義の音楽理論)	理論と実践、論の諸形態、旋律論とリズム論、和声体系、対位法、形式論、演奏論
音楽史	最古の文化民族と自然民族、古代ギリシア音楽、ギリシアとローマの教会歌唱、トルバドール・ミンネゼンガー・マイスタージンガー、中世の多声音楽（～1300年）、ルネサンス初期の伴奏つき声楽様式（1300～1470年）、無伴奏ポリフォニーと器楽の始まり、通奏低音の時代（1600～1750年）、新時代（1750年～）

表1　『音楽学提要』における領域区分

2　協和と不協和をどうやって区別するのか

複数の音が同時に鳴っているとき、それを協和と感じるか、不協和と感じるか。その感じ方はその人の文化的背景に左右されるから、協和と不協和に唯一絶対の境界線はない――現代ではこう考える人もいるかもしれない。音同士の協和と不協和をどうやって区別するのかは、西欧では古代ギリシアから長らく議論されてきた問題である。

歴史を振り返ると、弦長や振動数の比、自然倍音[9]との関係など、数によって区別しようとする試みが、一九世紀頃までは主流であった[10]。こうした試みは、協和と不協和の区別を普遍的に、つまり物理的な音響現象から説明しようという考え方に根ざしている。

これに疑義を呈し、聴取の側から捉え直した一人がシュトゥンプである。総説でみたように心理学史における初期の重要人物であるが、本節では彼が提唱した音融合という概念に着目する。リーマンの言葉を借りれば「音楽理論の基礎づけを数学的・物理学的・生理学的証明の領域から心理学的領域に移した」（Riemann 1900:571*r*）のが、シュトゥンプの音融合であった。

シュトゥンプは、一八九〇年代に発表した『音心理学』第二巻や『音響学・音楽学論集』第一号「協和と不協和」で、同時に鳴り響く二つの音の協和・不協和の区別を、随伴する倍音群や音同士のうなりによってではなく、二音の融合の度合いという指標から測ろうとした。二つの音が一つの音として感じられれば感じられるほど、その音程は協和していると考えたのである[11]。そして実験を

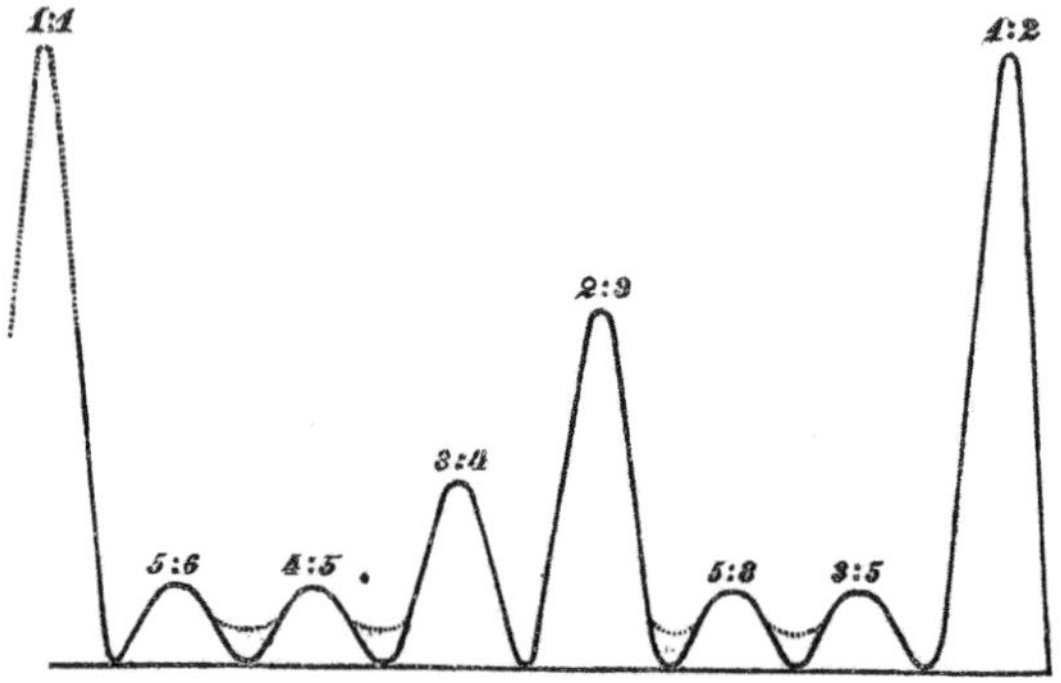

図1　2音の融合度を示す協和曲線（Stumpf 1890:176）
＊頂点が高いのがユニゾン（1:1）、オクターヴ（1:2）、5度（2:3）、4度（3:4）

行い、オクターヴ、五度、四度、長三度などの二音の音程を、誤って一つの音として聴取した回答の割合などを算出し、融合度を図1のような協和曲線で表した[12]。

ここに示されたのは、うなりの現象などから二音の協和・不協和を説いたヘルマン・フォン・ヘルムホルツ（一八二一～九四年）の物理学的・生理学的な方法とは異なるアプローチである。これは歴史的にみると、協和・不協和を物理学的に普遍化するというよりは、人間の聴取の問題として相対化する試みの一つとみなされる。このように、音楽学だけでなく心理学も、物理学や生理学からすれば新しい学問であった[13]。

さて、シュトゥンプのこの概念をリーマンは自身の和声理論に利用し、そして批判するに至るのだが[14]、本節ではリーマンが批判の矛先を向けた音心理学と、リーマン自身の主たる領域である音楽美学の関係へと話を戻そう。

いずれにせよ、協和と不協和をめぐってはさまざまな研究方法やアプローチがあって当然だろう。しかし、リーマンはそれを否定する。その否定が強く表れているのが、第一節でもとり上げた『音楽学提要』（一九〇八年）の「音生理学（音心理学）」の章である。リーマンは、不協和を次のように定義し、音心理学の方法をこう評している。

> 不協和とは、二つかそれ以上の音のまとまりを一体化した響き（和声）として捉えられないこと、一つかそれ以上の音が別の響きを表すものとして解釈されることである。要するに、**不協和**とは**響きの二重性**のことであり、**響きの一体性に反する**ことである。具体的な事例における音楽的文脈を考慮しないとすれば、これは**絶対的不協和**ということになる。つまり同じ響きに属しえない組み合わせのことで、まずは短・長二度、短・長七度、増四度と減五度である。しかし、ある音を厳格に音響学的規則によって調律しても、その音とは認識されず、音楽的文脈に沿った別の音程と取り違えられることがある。これはなぜか。これについて音心理学は、音楽的概念を用いずに説明しなければならないのだが、一方で音楽実践からは次のことが証明されている。きわめて複雑な音程であっても、そこに論理的文脈が与えられて、異名同音のより単純な音程と取り違えられることがなければ、すぐにその音程は理解され、また、このような場合でもよい音楽家ならば誤った書き方にすぐ気づくのだ。（Riemann 1908:53）

リーマンによれば、単一の和音として把握できないことが、不協和の定義である。たとえば厳密な純正調[15]で和音を単体で鳴らすと、私たちは、ふだん聴き慣れない響きのせいで、複数の響き（和音）が混じっているように感じることもあるだろう。しかし、そこに「音楽的文脈」が与えられれば、その響きも何らかの音程や和音として理解されるという。音楽的概念を用いない音心理学にはこの理由を説明することができない、というのがリーマンの主張である。

また、この一節では、絶対的不協和として増四度などが挙げられている。たとえばハ音と嬰ヘ音（ドイツ語ではcとfis）の音程が増四度であるが、このような不協和な響きであっても、ト長調であるという「論理的文脈」が与えられれば、ト長調の属七和音（ニ・嬰ヘ・イ・ハ音／d・fis・a・c）の構成音として受け取ることができる。さらに、ト長調という文脈で、もしこの嬰ヘ音（fis）が異名同音の変ト音（ges）で書かれていた場合、音楽家ならば文脈に沿わない「誤った書き方〔falsche Orthographie〕」に気づくという。

まとめると、リーマンによれば、たとえ不協和とされている響きであっても、音楽的文脈や聴き手の経験によって音程や和音は把握されうる。ただし、聴取された音程は、音響学的に厳密な音程とは必ずしも一致しない。聴取の側から不協和を捉えようとするこの態度には、シュトゥンプとの類似性が感じられる。

シュトゥンプと異なるのは「音楽的文脈」や「音楽的概念」を考慮するかしないかである。音心理学はこれらを考慮しない方法をとるというが、ここでリーマンは、「音」を対象とする領域と、「音楽」を対象とする領域の違いを強調しようとしているように思われる。この一節の少し前では

「音生理学が**協和と不協和**の問題に取り組むこと自体が、美学的領域への侵入とみなさざるをえない」（Riemann 1908:45）と述べていることから、シュトゥンプは音心理学者として研究すべき領域を踏み越えていると、リーマンの目には映っていたようだ。

『音楽事典』第七版にも、同じようなことが書かれていたことを思い起こしてほしい。「協和と不協和の区別からして、狭義の音生理学の領域ではなく、音刺激の精神的処理に取り組む音楽美学の領域に属する」という文である。つまり、協和と不協和は音楽美学が従事すべきテーマであることがくり返し述べられている。その根拠は、この問題について議論するためには音楽的文脈を考慮することが不可欠だという点にある。では、リーマンのいう音楽的文脈はどのようなものなのだろうか。

『音楽学提要』の導入部では、音楽美学についてこう書かれている。

> 音楽美学あるいは思弁的音楽理論にとって、個々の音は、音感覚の個々の出来事ではなく、音想像〔Tonvorstellung〕[16]の諸要素である。この領域にとって、音の進行や和音連結は、創造的芸術家の想像のうちにあったものとなる。（Riemann 1908:7）

これに従えば、音楽的文脈は、創造的芸術家の想像のうちにあった音の進行や和音連結のことである。この「音想像の諸要素」は「論理的に配列された音の進行」といい換えられ、その基礎となる概念には「音の近親性（和声）」と「リズム（タクト）」が挙げられる。和声やリズムは論理性を備えているため、音楽というのは、「おのずと生じる感覚表現」や「意志の素朴な放散」ではなく、「芸術の形成《ゲシュタルテン》」なのだという（Riemann 1908:8）。この語は、『音楽学提要』のまさに冒頭に現れる鍵概念である。

芸術の形成はおしなべてそうであるが、音芸術の形成も、第一に**心的体験の主観的表現**〔subjektiver Ausdruck seelischen Erlebens〕である。（Riemann 1908:1; 隔字体は原文による）

以上から、芸術としての音楽は作曲者の内面を表現したものであり、それは論理性を備えているとリーマンが考えていることが読みとれる。なお、音楽を作曲者の内面を表現したものと捉える考え方は、一八三〇年以降、一九世紀を通して西欧に浸透していった、音楽作品の聴き方を枠づけたパラダイムである。一方で今日からすると、音楽作品は必ずしも作り手の内面を表現したものとは限らない。だから現在、こうした見方は、一九世紀に特有のものとみなされるだろう。(17)

このように論を運んだのち、音楽を対象とする音楽美学の使命が以下のように定められる。

音楽美学は、音楽の形成物とその表現価値の究極の関係を確立するものである。この考察からわかるのは、**音楽美学**は結局のところ**音楽理論**と同一であること、音芸術家への芸術実践の手ほどきとなる作曲の教えが高度な学問のかたちをとったものが音楽美学（思弁的音楽理論）だということである。[18]（Riemann 1908:9）

ここでいわれている「表現価値」を、同書の冒頭で示された「心的体験の主観的表現」と結び合わせると、音楽美学は、音楽形成と、心的体験の主観的表現の関係を明らかにする領域ということになる。この点で音楽美学は、形成のしくみを解明する「音楽理論」、より正確には「思弁的音楽理論」と手を携える、いや実質的には同義なのだ、というのがリーマンの主張である。

音楽美学と同一視されている思弁的音楽理論という語も、今日ではあまり用いられない。次節では、この領域が扱う対象にもう少し近づいてみよう。

3　聞こえない音を聴く

音楽理論は、西欧では古来より理論面（思弁面）と実践面に分けられてきた。その伝統に沿ってリーマンは、『音楽事典』第六版（一九〇五年）の「音楽美学」の項目で、次のように音楽美学と音楽理論に関わる諸領域を規定している。

音楽美学は、思弁的音楽理論である。これは、実践向けの狭義の音楽理論（和声論、対位法、作曲論）とは異なる。また、響きの現象や聴覚の感覚をめぐる自然科学的研究（音響学や聴取の生理学）とも異なる。音楽美学は、そもそも美学あるいは芸術哲学の一部であり、その使命は**音楽の芸術的作用に特有の性質**を究明することにある。（Riemann 1905:59*f*）

音楽美学＝思弁的音楽理論は、大きくみると、哲学の分野に属するという。『音楽学提要』では美学や哲学は「純粋な精神科学」（Riemann 1908:3）に分類されていることから、第二節でみたような「対象」の点だけでなく、精神科学的方法と自然科学的方法という「方法」の点でも、音楽美学（思弁的音楽理論）と音生理学（音心理学）は区別されている。

自然科学と精神科学という区分が、ヴィルヘルム・ディルタイをはじめとして、一九世紀後半から二〇世紀前半にかけてのドイツでおおいに議論されたことはよく知られている。多様な方法を含む音楽学のうち、哲学の分野にあって精神科学的方法をとる音楽美学＝思弁的音楽理論は、具体的にどのような研究を展開しうるのだろうか。

この点を知る鍵は、リーマンの晩年にある。『音楽事典』第八版（一九一六年）の「協和」の項目では「音響学が音楽論と十全に連携すべきであれば、ヘルムホルツの「音感覚論」を「音想像」の論へと育んでいかなくてはならない」（Riemann 1916:576*r*）との展望が書かれている。つまり、ヘルムホルツに代表される音生理学や、シュトゥンプに代表される音心理学ではなく、音想像論によって音楽の芸術的作用の性質は解明される。そのようにリーマンは考え、同じ年に「〈音想像論〉

の着想」という論考を発表するに至った。音楽美学は「音楽」を対象とする——リーマンがそう捉えていることは明らかであるが、自身の論にあえて「音」の語を用いているのは示唆的だ。Tonempfindung（音感覚）、Tonpsychologie（音心理学）などの自然科学的方法による研究の延長線上に、自身のTonvorstellungen（音想像）を連ねようという科学史観が現れているようにも思われる。この音想像論は着想に留まり、具体化や体系化には達しなかったが、この論考を読むと、音想像なるものの具体的事例を多少なりとも知ることができる。

音想像論がまず明らかにしなければならないのは「私たちはそもそも何を想像しているのか」、そして「どのようなカテゴリーが音想像に法則を与えているのか」である（Riemann 1916:4-5）。これらの問いを投げかけたところで、またもや音心理学者が引き合いに出される。今度はシュトゥンプではなく、ゲーザ・レーヴェース（一八七八〜一九五五年）というハンガリー出身の音心理学者だ。

レーヴェースは、ベルリンのシュトゥンプのもとで学んだあと、一九〇五年にリーマンと同じくゲッティンゲン大学で博士号を取得し、一九三九年にはアムステルダム大学に心理学研究所を設立した。[19] シュトゥンプに比べると知名度は低いが、日本では伊福部昭が『管弦楽法』（一九六八年）で、レーヴェースが論じた聴覚現象をいくつか紹介している。[20]

レーヴェースとリーマンは、一九一二年から翌年にかけて、雑誌上で論争をくり広げた。[21] 音は「音高」と「音質」という互いに独立した二つの属性に分けられる、という論をレーヴェースが発表したところ、これにリーマンが反論したのが論争の始まりである。反論の骨子は、シュトゥンプ批判におけるのとほぼ同じで、音心理学と音楽美学の領域争いといえる。それゆえ本節ではこの点をくり返すことはせず、レーヴェースの説そのものをみていくことにする。

レーヴェースによれば、一点ハ音と二点ハ音（ドイツ語ではc^1とc^2）のようなオクターヴ離れた二つの音を、同一であると感じるのは「音質」に対する音感覚であり、同一ではないと感じるのは「音高」に対する音感覚である。[22] つまり、音程というのは、これら二つの属性によって判断されるという。たとえばハ音とホ音（cとe）という音質が与えられただけでは、音程は形成されない。三度（一点ハ音と一点ホ音／c^1とe^1）なのか、六度（一点ホ音と二点ハ音／e^1とc^2）なのか、一〇度なのか（一点ハ音と二点ホ音／c^1とe^2）などがわからないからである。それは、音質に加えて、音高という属性によって決められる。[23]

この説の前提となっているのは、オクターヴ離れた音は類似していること、そのため私たちの感覚には周期性がある（音がオクターヴ離れるごとに「似ている」と感じる）ことである。オクターヴの類似性に関しては「心理音響学においてさまざまな見解があり」、ヘルムホルツやシュトゥンプ、フランツ・ブレンターノ、エルンスト・マッハやジェイムズ・サリー（☞第二章）など数多くの先人がこの問題に向き合ってきたという。[24]

さて、リーマンが「〈音想像論〉の着想」でレーヴェースの名を挙げたのは、数年前に起きたこの論争を振り返ったためである。その一節を読んでみよう。

今となっては、完全に私自身の過失というわけではないにせよ、レーヴェース博士を誤解していたと思う。というのも、博士の説明からは、博士が実際に鳴り響いている音とは別のものを想定していたとは読みとれなかったからである。だが、音想像という基盤に立つと、レーヴェース氏の仮説はにわかに別の様相を帯びてくる。レーヴェースに対して書いたことを撤回する必要は一切ないが、立場を変えてみると、明瞭に述べられているわけではないにせよ、彼の頭に浮かんでいたものが理解されてうれしく思う。
(Riemann 1916:5)

振り返ると、リーマンは論争中、レーヴェースの説を誤解していたという。「博士が実際に鳴り響いている音とは別のものを想定していたとは読みとれなかった」ことが、誤解した理由である。じつは、この「実際に鳴り響いている音とは別のもの」というのが、音想像論においてもっとも重要な論点になっている。だからリーマンのこの発言を見逃すことはできない。

とはいえ、この一節からは、レーヴェースのどの記述が誤解を生んだのかは、はっきりとはわからない。可能性として挙げられるのは、音高は明瞭に認識できるのに音質が明瞭に認識できない事例について説明している箇所である。レーヴェースの最初の論文（一九一二年）によれば、音が騒音に近づけば近づくほど音質が失われ、音高だけが認識される場合があるという[25]。太鼓の音、木の棒や板の音、風の吹く音がその例である。たとえば大太鼓の音と小太鼓の音では、前者より後者のほうが音が高いことは認識できるが、それら二つの音の音程（〇〇度と表されるもの）は認識できないといった場合である。このことから、「音程」と音の単なる高低は別物であることがわかる。先述のとおり、音質と音高の両方が認識されて初めて音程は形成されるからである。

その上でレーヴェースは、音の高低のことを「隔たり」と呼び、そのような「音質を欠いた音高」がきわめて明瞭である場合、「ピッチの隔たり〔Höhendistanzen〕は、一種のイリュージョン〔Illusion〕[26]によって十全な音楽的音程として現れうる」(Révész 1912:250–251)と補足を加えている。

太鼓の打音などをめぐるこの説は、翌年出版された『音心理学の基礎』でも再び触れられる。そればかりでなく、「隔たりが音程へと変わることを、私は一種のイリュージョンと解釈する」(Révész 1913b:107)と定義もはっきりしている。そして、高音域や低音域になると音質を認識しなくなる錯聴者(Parakuse)を対象とした実験を通して、単なる隔たりであった音がイリュージョンによって音程として認識される事例をいくつか報告している。

一例として、譜例1のような旋律で始まるハンガリーの童謡をめぐる実験を挙げる。レーヴェースがこの旋律を高音域(三点オクターヴ音域)で弾き、それを聴いた観察者(被験者のこと)に、音が動く方向をまずは空

譜例 1　ハンガリーの童謡の冒頭

図 2　音が動く方向の図示

譜例 2　観察者が弾いた旋律

(Révész 1913b:108)

間上に示してもらう。観察者が示した音の動きは図2のようなものであった。この段階で観察者はまだ旋律を認識していない。レーヴェースがピアノで旋律を再現するよう求めると、観察者は譜例2のように演奏した。三回くり返したところで、観察者は、想像上で音質を補うことによって、提示されている旋律が慣れ親しんだハンガリーの童謡であることに気がついたという。

要約すると、太鼓の打音などの例は、音質と音高の両方を備えたかたちで音が鳴っていないにもかかわらず、音程として感じられる場合があることを示している。錯聴者を対象とした童謡の例では、音質を認識しない高音域などで旋律を演奏しても、何回かくり返すうちに旋律が認識される場合があることを示している。いずれの例でも、音程を認識するのに必要なもう一つの属性である音質が、イリュージョンの働きによって想像上で補われるということになる。このイリュージョン説は、リーマンが述べた「鳴り響いている音とは別のもの」、つまり音想像の次元に属するものといえる。

今度は、リーマンが「〈音想像論〉の着想」で挙げた例をみてみよう。譜例3は、ニ長調の「魔弾の射手」第一幕のワルツと、ハ長調の「かわいいアウグスティン」の旋律を組み合わせたものである。弾いてみると調子はずれな響きがするだろう。(27)この二つの旋律を同じニ長調で弾けば、和声的に矛盾は生じない。実際に鳴り響いているわけではないのにこのような矛盾のない状態が想像されるため、ニ長調とハ長調の旋律を同時に弾くことによって生じるずれた調べに対しては「音想像力〔Tonphantasie〕の統覚が強く抵抗し、拒否する」(Riemann 1916:9) という。

フリードリヒ・ジルヒャー作曲「ローレライ」の事例もみてみよう。「ローレライ」を純正な和声（純正調）の四声体で演奏すると、譜例4のようになる[28]。かなり極端な例だ。純正調で弾くと五線譜には表しにくいずれた響きが生じるのだが、ドイツ人にはなじみ深い旋律であるため、いつもどおりの音程で旋律が鳴っていなかったとしても、リズムや進行から「ローレライ」の旋律だとわかるという。

以上の事例からリーマンは、「音想像力」とは次のようなものだと結論づける。「私たちの音想像力は、外部の音刺激によ

譜例 3　音想像力が抵抗する事例

(Riemann 1916:9)

譜例 4　純正調の「ローレライ」

(Riemann 1916:8)

って好き勝手に振り回されるのではなく、自らの意志をもち、これを行使し、いついかなるときも**音の諸関係を中心化し、単純化する**」(Riemann 1916:9)。鳴り響いている音をあるがままに聴取するのではなく、音同士を関係づけ、単純化する、つまり音想像の力が働くのである。

もちろん、レーヴェースとリーマンは同じ現象を扱っているわけではなく、方法や対象や目的の点で大きく異なっていることは改めてくり返すまでもない。しかし、リーマンがレーヴェースの「頭に浮かんでいたものが理解されてうれしく思う」と回想したのは、「鳴り響いている音とは別のもの」に目を向けているという二人の共通点をみつけたからではないだろうか。

おわりに

ドイツの音楽学黎明期を代表するリーマンを通して、音楽学が諸領域を束ねる分野名として打ち出され、その中で音心理学と音楽美学が異なる領域として画定されていることをみてきた。心理学が生理学や哲学から独立していったように、リーマンにおいても音心理学は音生理学から派生した領域とみなされていた。自然科学的方法をとるとされるこうした領域とは対照的に、哲学の一部である音楽美学は、芸術として形作られた音楽と、作り手の体験の表現の関係を対象とする点で、思弁的音楽理論と同一領域のうちにある。

一方で、音心理学と音楽美学は全く接点のない別個の領域ではなかった。シュトゥンプやレーヴエースら音心理学者への批判に現れていたように、領域間の境界を踏み越えられることが、領域化を強める契機になっていた。リーマン自身が「音心理学と音楽美学を厳密に区別するのは難しい」(Riemann 1908:43) と認めているとおりである。しかし、音楽理論と音楽心理学の「協働」がテーマとなる第四章とは異なり、リーマンは隣接領域の最新の研究を読みあさりながらも、領域間の接点を協働へと展開するのではなく、境界を強調することによる領域化のほうを推し進めたのであった。

第二節では「心的体験」の語が登場したが、これは一九八〇年代以降の心の哲学における議論とつながるのだろうか(☞第五章)。また、第三節で触れた「実際に鳴り響いている音とは別のもの」を、リーマンは「音想像」という概念から論じたが、音想像は旋律や和音などの音楽的要素の「予測」や「期待」といい換えることもできるだろう。この点に関する研究は、戦後ぐっと進むことになる(☞第四章・コラム③・第五章)。

註

（1）たとえば日本には一九五二年に発足した日本音楽学会があり、その機関誌『音楽学』には多様な領域から研究成果が発表されている。

（2）https://www.gkr.uni-leipzig.de/institut-fuer-musikwissenschaft/institut/geschichte-und-impressionen（二〇二二年一月二一日閲覧）

（3）西田・安川（2019）の第四章を参照されたい。

（4）鈴木 2019 ☞第三章

（5）『音楽事典』の記述の変遷や国際化については西田（2021）および西田・安川（2021）を参照されたい。

（6）第五版（1900）には「音楽学」という項目自体はあるが、「音楽の学問 Wissenschaft der Musik」への参照指示しかない。第四版（1894）にはどちらの項目もない。

（7）音響心理学と訳されることもあるが、後述するように、リーマンにおいてこの領域は、楽曲の音楽的文脈を考慮せずに個々の音や響きを対象とする傾向にあるとみなされていること、また、先代のヘルマン・フォン・ヘルムホルツによる『音感覚論』（一八六三年）に続く科学史上の流れを顧慮して、本章では「音心理学」と訳す。

（8）「論理的機能の能動的活動」という語には、哲学者ヘルマン・ロッツェ（一八一七〜八一年）の著作『ドイツ美学史』（一八六八年）を通した、カントからの影響が指摘されている（Pearce 2008）。ロッツェは、リーマンが一八七三年にゲッティンゲン大学で博士号を取得した際の師である。

（9）一つの音を鳴らしたときに自然現象として同時に鳴る音。部分音ともいう。倍音は、鳴らした音（基音）に対して整数倍の振動数をもつ。

(10) おおまかな歴史については西田・安川（2019）を参照されたい。

(11) Stumpf 1898:34–35 シュトゥンプの「音融合」については本書第三章でも触れられる。

(12) Stumpf 1890:127–176

(13) なお、先代の生理学者ヘルムホルツは、その主著『音感覚論』（一八六三年）の最後で、「音楽美学」やその対象である「心的動機の複雑さ」に触れながらも、自身はその領域には立ち入らず自然科学の研究に留まると述べて、筆をおいたのだった（Helmholtz 1863:560）。

(14) 詳細はレーディングの研究（Rehding 2003）を参照されたい。リーマンとシュトゥンプは、同時期にゲッティンゲン大学にいたが、個人的な接触があったかはわかっていない（Rehding 2003:52）。

(15) 『音楽事典』第七版（一九〇九年）の「音律」の項目をみると、リーマンの時代の純正調つまり「**数学的に純正な音律**」を徹底しようという試みには、一オクターヴが五三段からなるシステムが必要となるという。「楽曲中の音程は、使われている音律によってではなく、文脈によって把握される」ことから、リーマンは純正調の教育的な有用性に疑義を示している（Riemann 1909:1363*f*）。今、引用した箇所は、第七版になって加筆されたものである。

(16) リーマンが用いたVorstellungの語は、imaginationやrepresentationなどさまざまな語に英訳されてきた。本章では「〈音想像論〉の着想」（一九一六年）の英訳者による注釈に基づき（Wason and Marvin 1992:73–74）、リーマンにおいてvorstellenされるのは外界の物ではなく聴き手のうちにある音楽であると考えられていることなどから、「想像」と訳す。リーマンの用法と一九世紀末のドイツ心理学の関連についてはキムの研究（Kim 2014）を参照されたい。

(17) 音楽作品を作り手の内面の表現として聴くパラダイムの変遷については、ボンズの研究（Bonds 2020）を参照されたい。

（18）リーマンは、近年の音楽美学の代表者にヘルマン・ロッツェとグスタフ・フェヒナー（一八〇一～八七年）の名を挙げている（Riemann 1908:60）。また、音楽美学の重要な文献一覧にはリヒャルト・ヴァラシェクの『音芸術の美学』も含まれている（Riemann 1908:77 ☞第二章）。
（19）Piéron 1956
（20）伊福部 2008［1968］:309–310
（21）Révész 1912, 1913a; Riemann 1912, 1913
（22）Révész 1912:247–248; Révész 1913b:15–16 今日は「トーンクロマ」と「トーンハイト」、あるいは「ピッチクラス」と「ピッチハイト」と呼ばれている（大串 2019:136–137）。
（23）Révész 1912:251
（24）Révész 1913b:25–43
（25）Révész 1912:250
（26）現代の心理学では錯覚や錯聴といわれることが多いが、本章ではParakuse（錯聴、錯聴者）と区別するため、イリュージョンとした。
（27）リーマンの教え子だった作曲家マックス・レーガー（一八七三～一九一六年）は、これをよどみなく弾きこなしたという。
（28）譜例の下には、和声機能を表すリーマン特有のアルファベットや記号が添えられているが、煩雑さを避けるため、ここではそれは省略する。

第二章　心理学によって音楽の起源を説明する試み

ヴァラシェクの「タクト」概念の変遷から

小川将也

はじめに

一つの学問分野はどのようにして生まれるのか。あるいは、さまざまな関心や疑問はどういった仕方で包摂と排除をくり返しながら一つのまとまりある研究課題へと収斂していくのだろうか。本章では、ウィーン比較音楽学の創始者と位置づけられるリヒャルト・ヴァラシェク（一八六〇～一九一七年）のテクストを読み、ウィーンにおける体系的音楽学ないし比較音楽学の歴史を辿る。[1]とりわけ、テクスト内で使用されている「言葉」を考察対象とすることで、「音楽の起源は何か」という具体的な問題関心が、専門用語と理論、つまり、特殊な科学的語彙を備え、専門知識へと変換されていく様子を捉える。[2]

総説にあったように、グイード・アドラーは、論文「音楽学の範囲、方法、目的」（一八八五年）

において音楽学という新しい学問分野を「歴史的部門」と「体系的部門」に大別し、後者をさらに「音楽理論」「音芸術の美学」「音楽教授法」「ムジコロギー Musikologie」の四領域に区分する学の全体像を示した。アドラーと同じ時代に同じ大学で活動したヴァラシェクは、歴史研究を専門的に行っていたアドラーに対して、「体系的」音楽学に分類できるだろう研究内容を扱っていた。上記四部門のうちでは、とくに、「ムジコロギー」、すなわち、芸術音楽のカテゴリーから除外された日常の民衆音楽を扱う「比較音楽学」(Adler 1885:14) と、「音芸術の美学」、あるいは別の表記では、「音芸術の美学と心理学」(Adler 1919:7)[3] に対応する内容である。

以下では、ヴァラシェクの著作を読み、アドラーが「比較音楽学」や「音芸術の美学」と呼んだ研究領域が実際にはどのように営まれていたのか、を考察する。当時はまさに「比較音楽学」の輪郭それ自体が徐々に定まっていくプロセスの最中である。アドラーによる体系図とは別に、学問名称、専門用語、理論的文脈といった複数の言語的要素の影響を受けながら、研究手法のみならず、研究対象そのものまでも変容するといったことが、日々の研究活動の中でたえず生じていた。各々の研究者が日々、さまざまな具体的問いに取り組む中で、徐々に「比較音楽学」の輪郭が明瞭になっていったのである。学者たちの用いる言葉が互いに重なり、その意味を変え、そしてまた別の言葉を生み出す。そのような知識の連鎖と変容の様子を、具体的にみていこう[4]。

議論は次の流れで進む。はじめに、ヴァラシェクの音楽起源論の変遷を用語法に注目しながら辿る(第一節)。続いて、彼が「タクト」という音楽用語を心理学的概念へと変換する手続きを検討し（第二節）、音楽の「タクト」起源説を心理学的文脈によって補強しようとした試みを紹介する（第三節）。最後に、ヴァラシェクが自らの研究領域をどういった学問名称のもとで捉えようとしていたのか、そして、ヴァラシェクの研究はその後、弟子によってどのような学問的伝統の中に位置づけられたのかを確認する（おわりに）。

1　ヴァラシェクの音楽起源論

ウィーン大学において音楽美学や音楽心理学の講義を担当し、体系的音楽学の基礎を築いたヴァラシェク（一八九七／九八年の冬ゼメスターから講義を開始）は、ウィーン大学とハイデルベルク大学に学んだ。法学の学位論文をベルン大学に提出したのち、『音芸術の美学』と題する著作を出版し[5]、本格的に音楽研究に着手するようになる。この著作は、前半を歴史的部門、後半を体系的部門と題し、前者では、ヘーゲル派の美学から、リヒャルト・ヴァーグナーら作曲家自身による美学的考察、そして、ロベルト・ツィンマーマンとエドゥアルト・ハンスリックに代表される形式主義美学に至るまでの音楽美学史を叙述し、後者では、音楽の構成要素（楽音、リズム、和声、旋律など）や音楽美、あるいは、異なる芸術ジャンル同士の結合（たとえば、詩と音楽の関係やオペラの位置づけ）といった音楽に関わる一般問題を論じた。

この著作によって、ドイツの哲学的伝統に根ざして音楽研究を開始したといえるヴァラシェクは、その後、一八九〇年から九五年にかけてロンドンの大英博物館に研究滞在し、この期間に音楽の起源や人間の音楽を生み出す能力といった問題を、進化論、心理学、あるいは神経学などの自然科学の知見に基づいて研究する姿勢へと転向する。(6) 彼は、この時期から英語圏の議論に積極的に入り込んでいき、音楽起源論に正面から取り組むようになる。以下では、ヴァラシェクの著作を順にとり上げ、彼の音楽起源論の成立過程を追いかけてみよう。一連のテクスト改訂作業にはヴァラシェク独自の概念造形の跡が刻まれており、手探りで学術的議論を組み立てていく様子がよく表れている。

最初にとり上げる著作は、英語で書かれた『原始音楽』(一八九三年)である。この著作でヴァラシェクは、スピーチあるいは求愛を音楽の起源とするハーバート・スペンサーとチャールズ・ダーウィンの仮説に反論し、以下のように音楽の「リズム衝動」起源説を唱える。(7)

「拍子をとること〔keeping in time〕」を含む一般的な意味で、リズム〔rhythm〕が、きわめて簡素な形態であれ、現代の作曲家たちによるきわめて技巧的で手の込んだフーガであれ、音楽の本質である。〔中略〕音楽の起源は、人間のリズム衝動〔a rhythmical impulse〕のうちに求められるはずであると、私は結論づけよう。(Wallaschek 1893:230)

ヴァラシェクは、アフリカ、アジア、オセアニアなど各地の「原始民族 primitive people」について報告する旅行記や民族学文献を参照しながら、(8) 部族構成員が集団でダンスを踊りかつ歌を合唱するという協調した同期運動をみせる点に注目し、音楽の「起源」を集団の行動統制を実現する「リズム衝動」に求めた。(9) 彼のこの主張は、のちにカール・シュトゥンプやヴァラシェクの講座を引き継ぐロベルト・ラッハによって音楽のリズム起源説として読まれ、また、実際に聴こえる音そのものへの言及不足を批判されることになる。(10) しかし、ヴァラシェク自身は「リズム衝動」の表記によって身体運動や音価の長短に対応する「リズム」を念頭に置いていたのではなかった。彼は、英単語「リズム rhythm」あるいはその形容詞形(rhythmical)を使ったことでうまく伝わらなかった自らの主張を補足するため、英語論文「音楽におけるタクトとリズムの違いについて」(一八九五年、以下「タクト論文」と略記)を執筆する。シュトゥンプらの批判が発表されるよりも前のことだ。

彼は「タクト論文」にて、自らが音楽の起源に据える「リズム衝動」を、新たに「時間感覚」といい換えて、これと一般にいわれる「リズム」との違いを次のように説明した。

> リズムは客体の運動の形式であり、時間感覚〔time-sense〕(〔フランス語では〕mesure あるいは〔ドイツ語では〕Takt)は、知覚する主体の心の形式である。(Wallaschek 1895:29)

この一節において、「時間感覚」(=「リズム衝動」)はさらに、ドイツ語「タクト」に対応すると補足される。(11) ヴァラシェクは、客観的に観察可能なリズム(=運動)と主体の内部で生じる「時間感覚」(=「タクト」)を区別するのである。彼は、たとえば、アクセントのない拍(ビート)が均一に連続して鳴っている場合でさえも、私たちは二拍や三拍といった具合にまとまりを感じ取ると指摘し[12]、それを可能にしている能力――ヴァラシェクの言葉を借りれば「諸現象を均一のセクションへと整序、分割、グループ化する能力」(Wallaschek 1895:29)――としての「時間感覚」に注意を促す。

そして、「タクト論文」ののち、ヴァラシェクは『原始音楽』のドイツ語版『音芸術の始め』(一九〇三年、以下『起源論』と略記)を出版する[13]。彼自身の手でドイツ語に翻訳されたこの著作には節の構成を含めて改訂が施され、「タクト論文」の内容も加筆された。彼は、『起源論』の中に「タクト」と題する独立した節をあらたに設けて[14]、聴覚情報や視覚情報を時間的なまとまりへと統合する心の作用としての「タクト」が音楽の起源であることを、より強調するようになる[15]。しかし、『起源論』では、ドイツ語「タクト」がもつ「拍子」と「小節」の意味もまた温存されたことから、ここでも、用語の不明瞭さが残ることとなった。「タクト」というドイツ語を「拍子」という狭い意味で理解した読者にとっては、ヴァラシェクが音楽の拍子起源説を唱えていると読めるだろうテクストが出来上がったのである。

このような一連のテクスト改訂作業は、語のレヴェルに注目すると、単純に表記上の問題や英語・ドイツ語(そして日本語)間の辞書的翻訳の問題であるようにみえるかもしれない。しかし、実際にはそのような表面的な事態ではなく、学術用語の設計に関わる理論的事態として解釈可能である。すなわち、ヴァラシェクはここで、「タクト」の語を音楽理論に限定されない心理学的概念へと変換することを試み、この語へ新たな理論的文脈を付与している。この新しい理論的文脈が読者に対して不鮮明であることから、「リズム」起源説や「拍子」起源説のように、複数の解釈が可能なテクストが出来上がったのである。

2 「タクト」を心理学的概念へと変換する

それではヴァラシェクが「タクト」概念に込めた新しい理論的文脈とは何か。それを知る手がかりとなるのは、『起源論』にある以下の一節である。ここでは、イギリスの心理学者ジェイムズ・サリー(一八四二〜一九二三年)執筆の教科書『心理学概要』(第二版、一八八五年)内の一節が、ドイツ語に訳された上で引用されている。

タクトに即した表現は、それ自体でおのずと、〔中略〕一種の抑揚、つまり、原始的旋律を生み出す。この原始的旋律は、心理学的に、音の単なる羅列とは全く異なるものである。タクトに即した表現が、多量の音の羅列に同属性〔=まとまっていること〕という性格を与える。この同属性が複数音を一つの統一的全体へとまとめ上げるのである。J・サリーがその心理学〔教科書〕で述べるところでは、「タクトに即して秩序づけられたインプット情報の知覚〔die Wahrnehmung taktmäßig-geordneter Eindrücke〕は、インプット情報の単なる連続以上のものである。前者〔タクトに即した知覚〕は、私たちの心がそれらを一つの全体へとまとめることができるようにするための内省作用を要求する」。

(Wallaschek 1903:266–267)

この引用文の中でとくに注目したいのが、「タクトに即した表現が、多量の音の羅列に同属性という性格を与える」という箇所である。ここで「タクト」を拍子の意味でとり、「タクトに即した表現」という記述を、「四分の四拍子や四分の三拍子に乗った、音の表現」という意味で読んだ場合、たしかに、文は問題なく成り立っているように思える。しかし、それでは、ヴァラシェクはここで、心の中で数を数えて一つ一つの拍を感じ取りながら音をあてていくという、どこかぎこちない機械的な音楽実践を念頭に置いているのだろうか。私たちが「原始的旋律」として具体的にどういった旋律をイメージするのかに関係なく、あたかもまずはじめに具体的な「拍子」が設定されているかのような解釈は、どこか不自然ではないだろうか。

ヴァラシェクの主張内容をより正確につかむためには、まさに「タクトに即して秩序づけられた」と和訳した箇所を慎重に吟味する必要がある。この和訳箇所は、ヴァラシェクによるドイツ語では"taktmäßig-geordnet"に、そして、サリーの英語原文では"time-ordered"に対応する。引用元のサリーの原文を確認しよう。

時間知覚〔Time-Perception〕。聴取〔hearing〕はしたがって、私たちに空間についてはごくわずか

> な知識しか提供しない一方で、時間関係〔time-relations〕についての正確な知覚を与えてくれる。この時間関係の知覚が意味するのは、連続的なインプット情報をまとめて、それらの発生の順序〔order〕に注意しながら、ひと続きのものとして把握することであり、そしてそれらインプット情報の個別的な持続時間〔duration〕と集合的な持続時間を把握することである。この連続した、つまり時間的に整序された〔time-ordered〕インプット情報の**知覚**は、インプット情報あるいは知覚群の単なる連続以上のものである。この知覚は内省〔reflection〕という随伴作用を含んでおり、これによって、心はそれら〔インプット情報群〕を瞬時に一つの全体として理解する。　(Sully 1885:206)

この引用文は聴覚を介した空間知覚と時間知覚を特徴づける中での一節であり、ヴァラシェクは、サリーが「順序」の知覚と「持続」の知覚とが相関する「時間知覚」一般を扱った箇所を引用したことがわかる。この文脈では、"time-ordered" の表記に対しては「時間順の」よりも、「〔順序と持続の指標に関して〕時間的に整序された」という和訳が適切だろう。サリーの議論はさらに次のように続き、ここで初めて話題が音楽に及ぶ。

> 時間形態〔time-form〕の音響的理解は、詩や音楽のリズミカルな〔音の〕連続を知覚する場合にはより複雑になる。ここでは、持続の感覚がより重要になる。私たちが音楽における時間理解によって意味するものは、連続的な持続時間の比較、つまり単音のそれと音群のそれの比較を含んでいる。

したがって、「普通拍子〔common time〕」〔＝四分の四拍子〕においては、耳は四分音符など〔基準拍〕の均一な持続時間を認識し、さらに小節〔bars〕を埋め尽くす四分音符四つという連続的グループの均一な持続時間を認識する。音楽におけるリズム〔rhythm〕と詩における韻律〔measure〕の十全な理解は、数比的関係の認識ということになる。〔一方で〕耳は一定数の音の周期的な反復に、小節〔musical bar〕ごとに注意を向け、さらにこの認識は拍子〔time〕〔原註一：“time”はドイツ語でTaktの意味であり、テンポから区別される〕の理解の基礎になる。さらに〔他方で〕、ある節〔a tune〕の性格リズム〔the characteristic rhythm〕の知覚は、アクセントづけられた音と一定数のアクセントづけられていない音の交替に依拠している。

(Sully 1885:207)

サリーは、この引用文では一般的な「時間知覚」ではなく、詩と音楽というより特殊な知覚文脈での「時間知覚」を論じている。「順序」の指標と「持続」の指標との組み合わせに応じた「音楽における時間理解」とは、第一に、基準拍単体（四分音符）の持続時間と拍グループ（四分音符×四）の持続時間の比較によって得られる「拍子」（「普通拍子」）の知覚を意味する。ここで私たちにとって重要なのは、英単語“time”が辞書的に「拍子」の意味に対応するということではない。たとえ複雑になろうとも、あくまで「持続」と「順序」の相関関係を捉えるという「時間知覚」の基本構造の中で、音楽という特殊な文脈での“time”すなわち「拍子」の知覚も成立するのであって、心のはたらき方それ自体は一貫していることが重要である。サリーは、この第一段階の知覚の産物である“time”を、註をつけて“Takt”にいい換える。

ただし、「性格リズム」を理解する場合には、“time”理解に加えてアクセントの認識も含まれており、より複雑な「知覚」様態といえるとともに、用語法にも注意が必要になる。すなわち、ここでサリーは詩学の用語法に則って記述していると思われ、「性格リズムの知覚は、アクセントづけられた音と一定数のアクセントづけられていない音の交替に依拠している」というのは、拍子ではなく、ダクテュルやトロキーといった韻律の認識を指すと考えられる。(16) つまり、“time”と“rhythm”は別物なのである。

まとめると、サリーの用語法では、「時間知覚 time-perception」は「〔諸感覚が〕時間的に整序された〔time-ordered〕」知覚を意味し、これは複数感覚をまとめる心の能動的作用である。この作用の結果のうち音楽において“time”は“Takt”といい換えられるほか、“rhythm”からは区別される。

以上のサリーの議論を踏まえると、ヴァラシェクが“time-ordered”を“taktmäßig-geordnet”と訳すのは、サリーからみれば、一般概念としての「時間 time」を論じた箇所をその一事例としての「拍子 time」(＝「タクト」)を論じる内容へと矮小化していることになる。しかし、このドイツ語訳にこそヴァラシェクが「タクト」概念に施した学術用語化の技法がある。ヴァラシェクは、英単語“time”とドイツ語“Takt”の包含関係を逆転させ、時間一般の議論の中に早々に“Takt”の語を位置づけた。つまり、彼は、“time”の語に関わるサリーの知覚論を前提とすることで、「タクト」の語を、音楽における拍子から、時間単位としての小節、そして時間を把握する心の能動的作用に至るまで、複数のカテゴリーを自由に行き来する心理学的概念へと変換したのである。ヴァラシェクは、実際に『起源論』の中で、数を数えることは「タクト感」を見失ったときに拍子を再度捉えるための補助であると明記している。[17]「タクト」概念は、具体的な「拍子」をあらかじめ設定せずとも、瞬時に心が時間的まとまりを捉える「直観的知覚 eine intuitive Wahrnehmung」(Wallaschek 1903:267) という意味を担っているのである。先に、「拍子」の意味に固定して読んだことで、どこか機械的な音楽創作の様子を想像させた一文は、「時間感覚に即した〔音の〕表現〔行為〕」がその具体例として「原始的旋律」を生み出すと読むことで——少なくとも、「タクト」の語を「拍子」の意味に固定して読んだ場合よりも——、人間の音楽産出の現場と合致したより自然なニュアンスの一文になる。

こうした概念操作は、これだけを取り出すと心理学からの強引な借用に思えるかもしれない。しかし、ヴァラシェクは心理学的文脈に置かれた「タクト」をただやみくもに強調しているのではない。彼にとって、音楽起源論を組み立てていく際の大前提として、「自然淘汰」の法則あるいは「生存闘争」の観念があった。[18] 彼は、人間の芸術行為を「自然淘汰」の結果、獲得された適応の例として説明するか否かという当時の論争[19]に、賛成の立場から応答する。彼は、音楽が「贅沢品」(Wallaschek 1903:274) ではなく、人間が環境に順応して生存し続けるために必須なものであることを主張しようとしたのだ。以下に、簡単にヴァラシェクの推論をまとめておこう。

彼はまず、合唱、踊り、そして動物模倣が一体となった「〔集団〕遊戯 Spiel」を、最初の音楽行為とみなす。原始段階では、独立の音楽や詩といった各種芸術ジャンルは存在せず、のちにそれら個別の芸術ジャンルに分化していく胚としての「遊戯」があったと考えたのである。そして、部族民たち総出で執り行われるこの「遊戯」の実現を支えるのが、時間的まとまりを捉えるという人間の基底的能力、すなわち、「タクト」である。集団で運動を行う際に、「タクト」によって他者とのあいだに間主観的な拍節感が生み出され、一体感ある共同行為が実現するという。

ここで重要なのは、個々人によって「拍子」の知覚が異なっていても問題ないことである。すなわち、極端な場合では、「遊戯」の際に、ある人は、三拍子を感じ取り、また別の人は二拍子を感じ取っているかもしれない。重要なのは、それら複数の「拍子」を包括し、かつ、集団内で共有される「拍節感」が生じることである。ヴァラシェクは、「遊戯」(=原初の音楽行為)を通じた音楽的時間の体験が、狩りや部族間の争いの際にも統制のとれた協調行動を可能にする練習として機能しており、したがって、音楽によって部族の生存が有利になる、と考えたのだった[20]。

3 タクトは聴覚に限定されない諸感覚を束ねる心の作用である

音楽のタクト起源説の理論的盤石さは、「タクト」が時間知覚に関わる心理学的概念であることをいかに説得的に論じられるかにかかっている。ヴァラシェクは『起源論』後もタクト論の補強を続け、「タクト」概念にエルンスト・マッハ(一八三八〜一九一六年)の「時間感覚 Zeitempfindung」論への応答の意味を込めた[21]。マッハは『感覚の分析』第一二章にて、譜例Aを掲げながら、構成音が異なっても「時間ゲシュタルト」（＝運動リズム）の同一性は「直接的に」感覚されることを述べたのち、譜例Bを掲げながら、「時間感覚」とは「注意のはたらき」の増大と結びついた不可逆的な流れの感覚であることから、「時間感覚」に関して「シンメトリー」は存在しないと断じる（Mach 1903:192-199）。

「時間感覚」の議論の中でなぜ「シンメトリー」がとり上げられるのか。この議論の前にマッハは『感覚の分析』第六章「目の空間感覚」にて、シンメトリーとは、二つの図形が端的に幾何学的事実として線対称ないし点対称であるというよりも、目と結びついた「空間感覚」の一種であることを図版付きで論じていた[22]。譜例Bは、目という感覚器官に対してはシンメトリーをなす図形としてある一方で、楽器であれ、声であれ、足でリズムをとるのであれ、何かしらでこの譜例を再現する場合、注意が蓄積し続けるのと連動して、つねに特殊な「時間感覚」が「私」の意識につ いて回る。マッハは、注意のはたらきと結びついたそれ自体一つの特殊な「感覚」としての「時間感覚」、つまり、流れの感覚を「空間感覚」と対比づけるのである[23]。

ヴァラシェクは没後出版の『心理学的美学』（一九三〇年）にて、同じく視覚シンメトリーを扱ったのち、「音響領域で何か〔視覚シンメトリー〕と似たことがあるのかどうかという問い」を立て、さらに、「ここでもまたマッハがすでに最重要な仕

譜例A

(Mach 1903:192)

譜例B

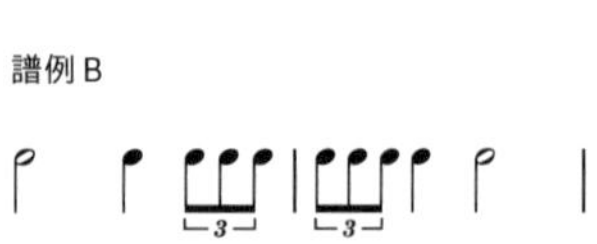

(Mach 1903:199)

事を先立って行っている」と述べて、自らの議論とマッハの議論の関連をほのめかす（Wallaschek 1930:131）。出典はそこでは示されていないものの、たしかに、彼の掲げる譜例からは先に紹介した『感覚の分析』内の議論との対応をみてとれる。ヴァラシェクは、はじめに譜例Aとよく似た譜例1を掲げながら、あとの小節が前の小節の「応答」として聴こえるはずだが、両者は視覚的な「シンメトリー」になっていないことを指摘する。また、仮に五線に対して垂直方向に鏡を配置し旋律線のシンメトリーをつくるとすれば、譜例2（＝原旋律の逆行形）ができるはずである。譜例2の二小節は「しかし、全くもって応答あるいは対応としては捉えられない」（Wallaschek 1930:132）。

　ヴァラシェクによる以上の報告はマッハのそれと大きな違いはないが、彼はマッハが暗黙の前提として見逃していた要素、すなわち、記譜システムに埋め込まれた要素としての「タクト」（＝小節）の存在に注目し、次のような一歩踏み込んだ主張を残した。

> そうはいっても音楽においてタクトシンメトリー〔Taktsymmetrie〕が存在する。私たちは、一つの旋律が流れていく際に、二小節〔zwei Takte〕

譜例 1

譜例 2

(Wallaschek 1930:131)

の開始部に、同じく二小節の追走部が対応し、四小節の開始部にこれまた四小節の追走部が対応するのを欲するものである。私たちは小節数〔Taktanzahl〕のこうしたシンメトリーに対して、一種の感覚〔Empfindung〕を有しているし、これを認識したり、その不足を感じ取ったりする。このとき、個々のタクト〔＝拍子〕が偶数であるか、奇数であるかはどうでもよい。タクト〔＝小節〕の合計数〔die Anzahl der Takte〕はつねに偶数のはずである。このことはもちろん、〔中略〕作曲家が折に触れて、このシンメトリーを〔権利として〕意図的に崩すのを妨げない。

(Wallaschek 1930:133–134)

この一節は前節で紹介した「タクト」のもつ意味の三相——拍子、小節、時間を把握する心の能動的作用——を最大限に活用して書かれている。旋律を聴く際に、フレーズの前半と後半が同じ小節数からなり、したがってフレーズ全体の小節数は偶数となるときに収まりよく感じることを、ヴァラシェクは「タクトシンメトリー」と呼ぶ。彼はすでに「タクト論文」でも、聴覚情報や視覚情報をまとめ、組織化する人間の能力のレヴェルで、視覚シンメトリーとタクトを並行関係で捉えていて[24]、ここにマッハとの重大な違いがある。すなわちヴァラシェクは、流れる時間ではなく、まとめられる時間という観点から、視覚上のシンメトリーと「タクトシンメトリー」とのあいだに差異よりもむしろ類似をみいだしている。

音楽起源論から「タクトシンメトリー」に至るまで複数のテクストにわたって断片的に積み重ね

られてきたヴァラシェクのタクト論は、同じく『心理学的美学』での次の一節にもっともよくまとまっている。

したがって、グループ知覚は、人間の音楽的態度であり、すなわち、私たちのもとを通過する楽音の純粋に受動的な受容に留まらず、一定の統一的な形式への能動的つくり込み〔ein aktives Ausgestalten〕であり、つまり、強調、省略、記憶保持、関係の作成、複数の副次的な音から主要音を〔浮かび上がらせ〕輪郭づけること〔Gestaltung〕〔といった能動的行為〕である。音楽能力は、したがって、楽音を捉え、組織化する〔Organisation〕一定の仕方にほかならない。[25]音楽の起源は、こうした組織化の起源と同一である。〔中略〕強調する、際立たせる、そうすることで記憶に留める、そして残ったすべて〔のインプット情報〕を際立たせられたインプット情報との関係で捉える、こういったことの第一誘因は、タクトである。タクトがグループを決定し、大小の統一体を可能にする。〔中略〕こうしたタクトに即した秩序〔diese taktmäßige Ordnung〕は、一般的なものであって、私たちがこのあとも考察するように、特殊なものよりもずっと前に生じている。つまり、音楽誕生の内的誘因であって、外〔＝対象〕から内〔＝心〕へ向かってではなく内から外へ向かって作用する。

（Wallaschek 1930:308–309）

「複数の副次的な音から主要音を〔浮かび上がらせ〕輪郭づけること」とは、旋律の核となる音（多くは拍の頭と重なる音）を中心にして、複数の楽音を一つのまとまりある旋律へとグルーピングして捉えることである。私たちは音楽作品を聴く際に、ただ受動的に音の波に飲まれているわけでも、すべての音を均等に処理しているわけでもない。重要な音とそうでない音との軽重をつけ、まとまりをつくり、記憶に留めるといった能動的な「組織化」を行っているとヴァラシェクは語る。そして、そのような楽音のまとまりをつくる基盤になるのが「タクト」であり、「音楽誕生の内的誘因」である。彼は、タクトの心理学的側面を論じ続けることで、音楽のタクト起源説を同時に補強しようとしたのだった。

ただし、語の意味変換を伴う概念の設計は、細部に関してさまざまな疑問を呼び起こす。たとえば「タクト」は心的内容としては「感覚」「知覚」、あるいは「表象」といったカテゴリーのうちどこに属すのだろうか。ヴァラシェクは、「タクト」の一語に個別具体的な時間秩序としての「拍子」から時間一般を把握する作用までを集約することに注力する一方で、「知覚」「感官 Sinn」「感覚」そして「組織化」といった心のはたらき（およびその結果）を指す概念の関係にそれほど注意を払っていない（ヴァラシェクの記述を順に再度、注意深く読んでほしい）。

また、ある知覚内容に対して「部分」（たとえば、個々の楽音）と「全体」（たとえば、旋律）の関係をどう記述するのか、すなわち、個々の原子的要素からボトムアップ式に全体へと統合される流れを仮定するのか。「全体」がはじめに知覚され「部分」は分析を経てようやく意識内に現象するのか。あるいはまた、「全体」の知覚は経験的・学習的成果なのか、それとも生得的能力なのか。

これらの問いをヴァラシェクのテクストに投げかけてみることで、考察をさらに進めることができるだろう。これらの問いの先には、当時の音楽学がゲシュタルト心理学や現象学とどのような関係にあったのかという問題もまた控えている。(26)

おわりに

ここまで駆け足でヴァラシェクのタクト論の変遷を追ってきた。彼は「タクト」概念を『起源論』後もくり返しとり上げ、その時間心理学的な意味合いを明瞭にするよう努めたわけだが、最後にヴァラシェクが自身の研究領域をどのようなラベルで捉えていたのかを確認しよう。『表象の心理学および病理学』(一九〇五年、以下、『表象心理学』と略記)の前書きにて、彼は次のように述べている。

美学とは、芸術を享受する者と生産する者に関する自然科学である。これは事物の本質に関する理論ではなく、効果に関する理論であり、そのような〔効果の〕理論としての美学は、芸術作品が〔人間に対して〕引き起こすインプット情報〔たとえば作品から受ける印象〕を度外視すること、そして、芸術作品を純粋な客体とみなすこと、をやめる。美学は、客体に関する一種の規範的学問〔芸術哲学〕でも、たんに生理学でもなく、心の高まりの分析であり、喜びを求め事物を享受する際にその

事物の影響下にある人間のまさにその状態に関する知を伝えるのである。(Wallaschek 1905:III)

ヴァラシェクは、「美学」を芸術に触れる人間の心にアプローチする自然科学の一分野として捉え直し、そしてその限りで、彼が語る「美学」とは実質的に「心理学」と同義である。彼は、『表象心理学』にて「タクト」論のほかに、音楽の「内容」を「表象」(=音響情報に付随する心的イメージ)の観点から詳しく論じ、その際に失語症や失音楽症の臨床報告を題材に考察を進めた。彼は『表象心理学』出版以前に、すでに論文「音楽アウトプットに対する失語症の影響」(一八九一年、『音楽学季刊誌』第七巻に掲載)にて、言語機能の損失と音楽アウトプット(文字に起こされた歌詞を歌う、聴いた歌を模倣する、楽譜を読む・書くといった能力)の損失との類似関係を論じ、そして論文「音楽表象に対する失語症の影響」(一八九四年、『心理学と感官生理学雑誌』[27]の第六巻に掲載)にて、音楽を聴取した際に連合的に生じる心的内容を論じていた。[28]これらの論文の発表年は音楽起源論に取り組んでいたのと同時期であり、したがって、ヴァラシェクの研究領域は音楽起源論から音楽心理学へ移行したというよりも、音楽の起源と音楽の内容いずれの「問題関心」に取り組む際にも、心理学的考察がたえず行われていたことがわかる。そして、ヴァラシェク自身は比較音楽学という名称を自身の研究課題を指すラベルとして使用していない点も見逃せない。『音芸術の美学』後の彼の研究活動は、一面では、美学の自然科学化(=心理学化)の試みだったといえる。

その後、ヴァラシェクの業績は弟子のラッハによって「比較音楽学」の中に包摂される。[29]ラッハはウィーン科学アカデミーの会議報告に論文「比較音楽学、その方法と課題」(一九二四年)を発表し、一つの学問領域の歴史を、いい換えれば、知的伝統の存在を自覚的に明記した。彼は、アレクサンダー・ジョン・エリス、シュトゥンプ、そしてヴァラシェクらを「比較音楽学」の「第一世代」に位置づけ(Lach 1924:3-4)、さらにこの学問分野を、「一種の自然史であり、音楽創造の生物学〔Biologie des musikalischen Schaffens〕」と特徴づけた(Lach 1924:10)。「生物学」というラベルによってラッハは、「比較音楽学」が、ほかでもなくなぜそのような音楽が生まれたのかという問いを、進化論・形態学をモデルにしながら、自然法則に照らして説明する分野であることを強調しようとした。比較音楽学者には、感覚・知覚の構造、あるいは、耳や喉の生理学的特徴といった人間の特性と、音楽が生み出された土地の特性や当地の楽器といった音楽を創出する環境との相互作用を総合的に捉え、当該の音響造形物が生まれた条件を問うていくことが求められたのである[30](☞第三章)[31]。

学問分野は個人の興味関心のみならず地域や言語によっても変化し、素朴な「問題関心」が複数の研究者単位——地域、国、大学、研究室——に応じて特殊な「研究課題」へと変換され、そして、今度は「研究課題」によってその単位内で共有される「問題関心」それ自体もまた独自の性格を帯びていくという運動が生じる。こうした運動は学者間の人的交流(☞第四章)、理論や語彙の借用、学術雑誌という媒体の共有、といったさまざまなレヴェルで観察可能である。本章ではとくにテクスト連関を地にした専門用語および理論の形成という言語論レヴェルの考察を行った。次章では日本における比較音楽学を牽引した田辺尚雄と心理学の関係が語られる。

註

（1）Graf 1974:16

（2）より広く、現在の民族音楽学に至るまでの比較音楽学の歴史については徳丸（2016）を参照されたい。なお、一般に、起源をめぐる言説にはそのものの本質を定めようとする規範的側面があることに注意（Rehding 2000）。

（3）当時のドイツ語圏では、ヘーゲル流の観念論美学や芸術家自身の創作美学と並んで、人間の感性のはたらき（とくに感覚）を物理学や生理学といった自然科学の知見と矛盾なく接続可能な科学的知識として記述する、グスタフ・フェヒナーやヘルマン・ロッツェに始まる潮流があった。この潮流の中では、「美学Ästhetik」の名称は明示的であれ暗示的であれ「心理学」の名称と置き換え可能であり、アドラーにとっても「音芸術の美学」はそのような自然科学的領域の一つとして「体系的音楽学」の中に位置づけられている（小川 2020）。

（4）以下の本論は、二〇二一年一一月一三日に開催された日本音楽学会第七二回全国大会のパネル企画「心理学・音楽理論・美学――変化するメソドロジー」での発表原稿を、本書の主題に合わせて論じ直したものである。

（5）Wallaschek 1886 この著作は、一八八五年にテュービンゲン大学に提出された哲学の学位論文に基づく。

（6）結論にて改めて示すように、ヴァラシェクにとって「心理学」は自然科学に属す学問分野である。なお、ヴァラシェクの著作一覧と研究傾向についてはパルチュの論文を参照されたい（Partsch 1985）。

（7）あとでとり上げるドイツ語版『音芸術の始め』では、ここで引用する『原始音楽』からの文章は削除される。なお、ヴァラシェクによるスペンサーとダーウィンへの批判の内容を含め、彼の音楽起源論と当時の進化思想の関連についてはキュンメルの論文や拙稿を参照されたい（Kümmel 1973; 小川 2022）。

（8）ドイツ語版では「自然民族 Naturvölker」と「文化民族 Kulturvölker」の概念対が用いられる（e. g. Wallaschek 1903:298）。どちらも歴史的概念である点に注意。

（9）Wallaschek 1893:230–237; 1903:266–272

（10）Stumpf 1911:20–23; Lach 1913:561–563

（11）“time-sense”をここでは意図的に「拍子感」と訳していない。その理由は以下で論じられる。

（12）Wallaschek 1895:28

（13）『起源論』の前書きには、マッハとシュトゥンプへの謝辞がある（Wallaschek 1903:IV）。

（14）Wallaschek 1903:266–270

（15）Wallaschek 1903:267–268

（16）英語とドイツ語が一般に長短や高低ではなく強弱アクセントの言語と呼ばれることを想起されたい。

（17）Wallaschek 1903:267–268

（18）ヴァラシェクは、「自然淘汰」と「生存闘争」を定義することなく用いている。どちらも、「環境に順応できた生物は生存し続け、そうでない生物は滅んでいく」というほどの意味であり、現在の進化生物学の用語と同一視してはならない。

（19）デイヴィッド・ヒューロンによれば、音楽の起源をめぐる仮説としてさらに、「社会的結束説」「知覚能力発達説」「運動能力発達説」「対立解消説」などがある（Huron 2001:47）。また、彼によれば、音楽は適応的ではなく、生存を有利にするものではないと主張する立場もある。ヒューロンは、砂糖やドラッグと同じく、音楽もまた、本来は生存を有利にする（音楽行為とは別の）適応的行動を強化するために進化した快感の回路をただ刺激する行為にすぎない、とする立場を「NAPS（nonadaptive pleasure seeking）理論」と呼ぶ（Huron

2001:44-46)。

(20) Wallaschek 1903:273-284

(21) ここではヴァラシェクが『起源論』と『表象の心理学および病理学』(一九〇五年)、そして『心理学的美学』(一九三〇年)にて参照している『感覚の分析』第四版(一九〇三年)に基づいて議論する。

(22) Mach 1903:84-100

(23) Mach 1903:199-200

(24) Wallaschek 1895:29

(25) ゲシュタルト心理学の文脈では Organisation の語を「体制化」と訳すのが適切だろう。しかし、ここでは、ヴァラシェクと、とりわけ、マックス・ヴェルトハイマー、クルト・コフカ、ヴォルフガング・ケーラーに代表されるゲシュタルト心理学ベルリン学派との直接的関係を示唆することを避けるため、認識作用一般に関わる日本語を選んだ。

(26) ドイツ語圏におけるゲシュタルト心理学の歴史はアッシュの研究(Ash 1998)を参照されたい。また、現在の心理学では拍子(meter)の知覚を、生得的なゲシュタルト原理に還元して説明する傾向に再考が迫られているようである。「拍節結合仮説」は、拍子の知覚を生得的能力と文化的・社会的学習との相互作用として捉える可能性を提起している(Jones 2016)。

(27) 『心理学と感官生理学雑誌』の関係人物を含む一九世紀末ドイツ語圏における心理学界の様子については高橋(2016:144-146)を参照されたい。

(28) ヴァラシェクの音楽表象論の概要についてはグラツィアーノとジョンソンの研究(Graziano and Johnson 2006a; 2006b; 2015)を参照されたい。

(29) ラッハによる音楽起源論については拙稿を参照されたい(小川 2022)。

（30） Lach 1924:11-12

（31） 音楽起源論は現在、音楽学よりも自然科学・人間科学分野で活発に論じられており、「音楽性 musicality」（この概念に関して一九六〇年代以降の民族音楽学における動向は徳丸（2016:209-246）を参照されたい）を鍵概念にして、緩やかな研究コミュニティが形成されている（Honing 2018; 今川 2020）。また、バイオミュージコロジーという一つの研究課題へ各領域を再編する動きもある。バイオミュージコロジーはニルス・ウォーリンによる造語で、「進化音楽学」「神経音楽学」「比較音楽学」（本章で扱った「比較音楽学」とは異なるので注意）、そして、音楽療法やより広く音楽が映画やテレビといったメディアを通じて人間行動へ及ぼす影響などを考察する「応用バイオミュージコロジー」をおもな柱とする（Brown, Merker and Wallin 2000:5-6）。

第三章　「日本音楽」の分析から「民族の特性」の説明へ

田辺尚雄の日本音楽論と心理学

鈴木聖子

はじめに

「沈没船ジョーク」というのをご存じだろうか。早坂隆のベストセラー書『世界の日本人ジョーク集』に紹介された小話で、インターネットやSNS上でもよく出回っていることから、目や耳にしたことがあるという人もいるかもしれない。

ある豪華客船が航海の最中に沈みだした。船長は乗客たちに速やかに船から脱出して海に飛び込むように、指示しなければならなかった。

船長はそれぞれの外国人乗客にこう言った。

アメリカ人には「飛び込めばあなたは英雄ですよ」

イギリス人には「飛び込めばあなたは紳士です」
ドイツ人には「飛び込むのがこの船の規則となっています」
イタリア人には「飛び込むと女性にもてますよ」
フランス人には「飛び込まないでください」
日本人には「みんな飛び込んでますよ」

（早坂 2006:110–111）

これは「エスニック・ジョーク」と呼ばれる類のものである。国や民族などある特定の集団内部に本質的に共通する性格や心理が存在するかのように、ステレオタイプな「国民性」「民族性」を引き合いにだして、それをその集団に属する人の「機械的なこわばり」[1]として描くことで笑いを引き起こすしくみである。

認知心理学者の高野陽太郎によれば、ここに現れている「日本人は集団主義」という文化的ステレオタイプは、第二次世界大戦後、アメリカの文化人類学者ルース・ベネディクトの著書『菊と刀』（一九四六年）によって広まったものである。当時のアメリカの文化人類学では、民族が独自の本質的な特性をもっているという、現在では批判されている本質主義的な考え方が優勢であった[2]。ベネディクトの『菊と刀』は、第二次世界大戦中の敵国研究の任務の延長線上に、日本人の「国民性」研究をまとめたものなのである[3]。

本章で私たちが観察するのは、日本の伝統的な音楽を対象とする研究の中に、「音階」の理論構築によって、本質主義的な「国民性」「民族性」の概念が形成されていくプロセスである。それは「日本人は集団主義」のような大雑把な内容のものではない。一九世紀末、富国強兵のスローガンを掲げて国民国家形成を目指した日本は、軍楽隊や音楽教育などを通して公的に「西洋音楽」を導入しつつ、日本独自の「国楽 National Music」の創出を試み始めた。ゆえに音楽関係の知識人や教育者のあいだでは、「西洋音楽」に比肩しうる「日本音楽」の特性が詳細に論じられ始めたのである。こうした背景において、二〇世紀初頭、東京帝国大学理科大学（現・東京大学理学部）で西洋の音響物理学を研究していた田辺尚雄（一八八三〜一九八四年）は、第一高等学校（旧制）時代にドイツ音楽理論の手ほどきを受けた東京帝国大学文科大学（現・文学部）の乙骨三郎（一八八一〜一九三四年）ら先輩との差異化を図るため、学部時代には音響学的な観点から音楽研究を構築してきたが、大学院に進学してからは、心理学を援用しつつ、「日本音楽の科学的研究」に着手した[4]。

本章の前半（第一節から第三節）では、当初、大学院時代の田辺が「日本音楽」の特性を語るために物理学と心理学による協和性理論を用いて伝統音楽の分析を行い、「日本音楽」の音階理論を構築したプロセスを観察する。後半（第四節から第六節）では、第一次世界大戦を背景として、田辺がその音階理論を「日本音楽」に現れた本質的な「国民性」「民族性」を語るために読み替えていくプロセスを観察する。

1　起点としてのシュトゥンプの協和性理論

一九〇七年七月、田辺尚雄は東京帝国大学理科大学の理論物理学科を首席で卒業した。彼の自伝によれば、卒業論文のテーマは「管楽器の音響学的研究」で、物理学者ヘルマン・フォン・ヘルムホルツの『数理音響学理論』(Helmholtz 1898) を基礎とした論文であった。(5) 同年九月、大学院へ進学して「日本音楽」を研究対象に選んだ田辺は、物理学科の二〇歳年上の先輩である田中正平(一八六二〜一九四五年)の「邦楽研究所」を訪問する。田中は一八八四年に官費留学生として渡独し、ベルリン大学のヘルムホルツのもとで一〇年の研究生活を送って帰国したのち、一八九九年に自宅に「邦楽研究所」を設置して、「邦楽」の五線譜化などの活動を始めていたのである。

田辺は田中の「邦楽研究所」で研究に励む一方、(6) 大学院の指導教官である長岡半太郎(一八六五〜一九五〇年)に、東京帝国大学文科大学で美学と心理学の講義に出席できるように願い出た。このうち美学については、学部生時代にすでに雑誌に発表していた研究成果を発展させることはなかったと思われる。(7) 一方、心理学については、文科大学哲学科心理学講座の教授である元良《もと ら》勇次郎(一八五八〜一九一二年)が自宅で開いていた内輪の研究会「心理学会」(一九〇一年創設)に参加して、ヴィルヘルム・ヴント(一八三二〜一九二〇年)の『生理心理学』の講読で音響に関する部分を担当したと述べている。(8) 元良はアメリカでヴントの門下のスタンリー・ホール(一八四四〜一九二四年)に学んで帰国し、日本で初めて実験を含む本格的な心理学の基礎を築いた人物である。(9) ヴ

ントを日本に初めて紹介したのも元良である。(10)

大学院進学から半年後、田辺は『音響と音楽』(一九〇八年二月)を出版する。「自序」には、この書では「ヘルムホルツ並びにスツムプの生理的研究」が論じられ、「本邦楽律の数学的研究」、つまり日本の音階に関する研究は今後の課題である旨が述べられている(田辺 1908:6)。「スツムプ」は、実験心理学の第一人者のカール・シュトゥンプ(一八四八~一九三六年)で、非西洋の諸民族の音律を測定して西洋の平均律と比較するところから出発した「比較音楽学」(のちの「民族音楽学」)の開拓者の一人でもある。「自序」に続く「音楽的音響学の高等教育に資すべき参考書」のリストには、田辺が学部生時代に発表した論考に用いた文献が並べられている中で、初めてシュトゥンプの著作『音心理学』(全二巻、一八八三・九〇年)が姿を現している(☞第一章)。ヴントの著作は挙げられていない。

『音響と音楽』は、第一編「音響」、第二編「楽器」、第三編「音楽」から構成されており、シュトゥンプが論じられるのは、第三編の第三章「協和、不協和及び和声」である。(11)ここで田辺は次のように協和と不協和の概念から解説を始める。二つの音が同時に鳴り響いているとき、うなりが生じて不快を感じるものを不協和と呼び、またある距離でうなりが消えて快感を得るものを協和と呼ぶ。もっとも協和を感じるのは、二音の関係が八度、次に五度、その次に四度にあるときである。ただし二音の比率がより簡単であればより協和を生じるというわけではない。田辺は、ヘルムホルツは不協和の原因をうなりから生じた協和の断絶による音の粗さにあると述べたが、しかしシュトウンプはうなりのない不協和もあるからそれは正しくないとして、次のような解決をしたと説明する。

協和不協和の区別は倍音又は唸りに依るものでなくて寧ろ音覚の上に起因するものである、即ち之れは二和音の基音自身及び其融合の度合ひの中に求むべきものであるとした。茲《ここ》で融合と謂《い》ふのは唯二つの音の和でなくて其《その》全体としての感覚が同じ関係にあるものをいふのである。〔中略〕此《この》融合の事実は生理的の関係として説明しなければならぬ、即ち今比較的簡単な振動数の比を有する二つの音が同時に響けば我々の脳髄の中に二つの互ひに結合した働きがある〔後略〕。

(田辺 1908:167–168: ルビは本章筆者による。以下同じ)

田辺は続くところで、このシュトゥンプの生理的な「音融合」(☞第一章)による協和性理論を用いることで、「直接に同時に出た音」の協和・不協和だけではなく、以前の理論では解決できなかった、「旋律的に連鎖して出た音」の協和・不協和の音感覚についても説明が可能になる、と結論づけている。

ここで田辺がヘルムホルツの物理学の協和性理論だけではなく、シュトゥンプの心理学・生理学の協和性理論(12)を手にとったのは、「西洋音楽」のような和声をもたない「日本音楽」の旋律を、「音融合」によって科学の対象にするためであったことは想像に難くない。換言すれば、田辺は「日本音楽の科学的研究」を遂行するにあたって、まずシュトゥンプに依拠しつつ、「日本音楽」の旋律にも協和性理論が機能すると主張をすることから始めたのである。

2 「粋《いき》」の音階理論とヴントのリズム論

一九〇九年から一九一〇年にかけて、田辺は日本音階に関する三つの論考、「日本音楽の粋を論ず」(『歌舞音曲』)、「日本音楽の理論——附 粋の研究」(『哲学雑誌』、以下「日本音楽の理論」と略記)、「日本俗楽論——附 現代唱歌の難点」(『早稲田文学』、以下「日本俗楽論」と略記)を発表する。(13) 三つの論考のうち第二作と第三作にヴントへの言及がみられる。ヴントはハイデルベルク大学でヘルムホルツの助手を務めていたが、そこから距離をとるかたちで、ライプツィヒ大学で実験心理学を打ち立てた人物である。(14) 本節ではまず第一作の論考「日本音楽の粋を論ず」を観察し、それを核とする第二作を分析する。

「日本音楽の粋を論ず」は、初めて日本の文化に「粋」という価値判断を用いた独創的な音階理論である。(15) 田辺は、「抑《そもそ》も東西音楽の依て以て立つ所の基礎は、東西両洋の音階の差異にして、欧州楽の和声的なるに対して本邦楽の旋律的なるを主要なる差異とす」と述べて、「欧州楽」と「本邦楽」の違いを、「和声的音階」と「旋律的音階」の違いに求めることから本文を始めている。(16)

田辺によれば、「欧州楽」も「本邦楽」も、その音階においては「絶対的快感」のある八度と五度の完全協和音に基づいている点では共通しているが、欧州は「和声的音階」であり、日本は「旋律的音階」をもつ。そして、音響学者の上原六四郎（一八四八～一九一三年）が『俗楽旋律考』（一八九五年）で提示したことでよく知られている「都節旋法」（陰旋）と「田舎節旋法」（陽旋）を批判して、そこにみられる上行・下行で異なる音階が、同じような西洋音階の「旋律的短音階」の影響を受けてしまっていると指摘する。田辺の分析では、日本の「旋律的音階」は西洋音階のような上行・下行で異なる固定的な音階ではなく、上行・下行の一部が混合する「二重式旋法」（図1）であるという。田辺はこの「二重式旋法」において、「粋」の理論を展開していく。

「二重式旋法」は、「長唄常磐津清元義太夫等の各流派」のあいだで差異があるのが特徴であるとされる。この差異とは、人間が完全な美の理想体との一致を望む「主体」と、理想体を単調と感じてズレを望む「属体」のあり方によって生じるという。そのズレが大きすぎると「野卑」「下品」、ズレが小さすぎると「高尚」「上品」、それらのあいだにちょうどよくズレが保たれると「粋」と判

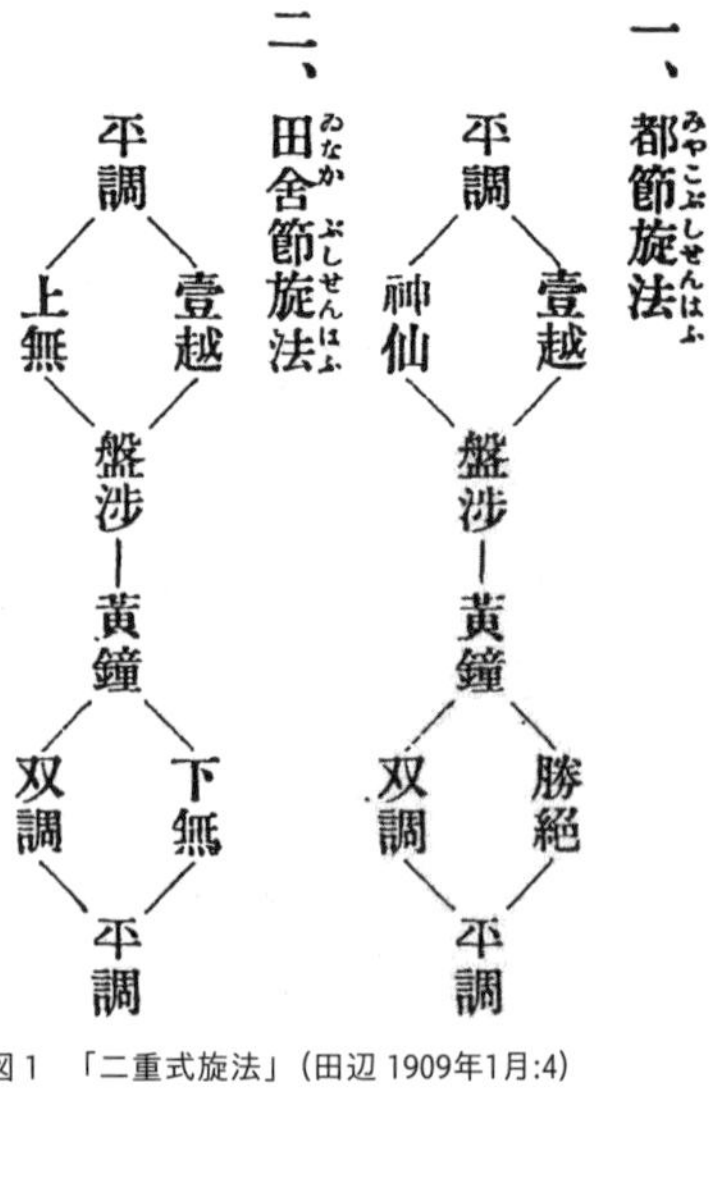

図1　「二重式旋法」（田辺 1909年1月:4）

断される。田辺によれば、たとえば長唄・常磐津では、壱越（ニ音／英語ではd）から平調（ホ音／e）へと向かって上る際に、壱越の音はズレを望むので、一音下の神仙（ハ音／c）とのあいだで四分音（四分の一音）の単位で自由にズレて、四分の一音下がると「粋」、四分の二音（＝半音）下がると「猶粋《なお》」、四分の三音下がると「野卑」と、美的判断が変化するのだという。

このように第一作目での田辺は、「日本音楽」の特性としての「旋律的音階」を、固定した音階から旋律がズレるときに生じる「粋」の美的判断によって描こうとしている。この「粋」の音階理論には、「日本音楽」の特性を、「和声的音階」ではなく「旋律的音階」であるとする、シュトゥンプの「音融合」の協和性理論から派生して打ち立てられた対概念が展開されているのが理解できよう。

第二作目の論考「日本音楽の理論」は、一九〇八年一一月二一日の「心理学会」での講演をもとに書かれたもので、前作の「四分音」による逸脱を用いた「粋」の音階理論をより科学的に記述しようとしている。たとえばフェヒナーの法則や、セント値を用いることで非西洋音楽を記述する可能性を広げた数学者アレクサンダー・ジョン・エリス（一八一四～一八九〇年）の手法に類似した、田辺独自の数値による音高表記が各所に用いられている。本作のさらに新しい要素は、ヴントのリズム論を援用した「リズム」の章である。田辺はその参照元を記していないが、元良の「心理学会」の読書会で田辺が音響の部分を担当したという、『生理心理学』（一八七四年）が参照元であると推定される。[17]

田辺は、リズムとは精神活動における強弱交互の変化である、と定義づける。そして音楽がさまざまな精神状態に対応して人間に快を与えるためには、そのさまざまな精神状態に対応するリズムを用いる必要があるという。ヴントのリズム論は、あらゆるリズムは四種に分類され、ほかのリズムもすべてこれらから生じたとするものであり、[18] これに対して田辺は、「ヴントの分類法はリズムの根本原理を解釈せんとするに用いひたるもの」（田辺 1909年3月:187）であるとして、音楽においては強弱の反復からなる二拍子と、強弱弱の反復からなる三拍子を原理として用いるのが適していると述べる。たとえば二拍子には単純二拍子（強弱）と複合二拍子（四拍子=最強弱・強弱など）、三拍子には単純三拍子（強弱弱）と、複合三拍子（六拍子=最強弱弱・強弱弱など）のリズムがあるという。

ここから田辺は「日本音楽」のリズム論を展開する。「日本音楽」は唄が主体で器楽が伴奏であるから、唄を明確にするために器楽がリズムをとって伴奏を始めたと考えられるため、そのリズムは器楽において観察する必要があるという。三絃楽は単純二拍子、箏曲は単純二拍子か四拍子で稀に三拍子があり、謡曲は田中正平らによる鼓の拍子の研究から、単純二拍子と単純三拍子の混合であることがわかっているという。最後に田辺は、浄瑠璃諸流と謡曲の詞の部分のリズムは音楽研究ではなく、言語学の範囲に入ると述べて、やや唐突に論を閉じる。[19] ただし最終章の「粋なる音」で、音階と同様、リズムも唄と器楽伴奏のズレによって「粋」の度合いが決まると述べて、たとえば二拍子を一小節に四分音符二つで表すならば、八分音符一つ分のズレによって「粋」となると結論づけている。

展開は十分であるとはいえないものの、少なくとも田辺は、ヴントの心理学的・生理学的なリズム論を援用することで、「粋」の概念によって初めて「日本音楽」のリズムの特性を論じようとした。そして、浄瑠璃と謡曲などの語りの芸能を言語学と言語のリズム論の視野から扱うべきものとして、言語学的な新しい音楽分析のパースペクティヴを提示したのである。

3 俗楽音階理論とヴントの言語論

日本音階に関する第三作「日本俗楽論」は、一九一〇年九月に『早稲田文学』に掲載された。この著作は前二作の核（旋律的音階、そこからの四分音によるズレ）を受け継ぐものであるが、「粋」という言葉が姿を消し、その代わりに「言語と旋律との関係」というテーマをもつ章が現れる。このテーマは、田辺が前作で言語学の範疇であるとして幕を閉じたリズム論を展開するものである。田辺は「言語と旋律との関係」という章の最初の小見出しに、「言語のリズムと旋律」と付している。彼がこの論考でいう「言語のリズム」とは、現在の日本語学の見地からいえば、文章全体の高低の調子である音のイントネーションと、単語レヴェルの音の高低アクセントを指し示すものと考えられる。

田辺によれば、日本の俗楽音階は「言語と楽曲旋律と相接近し、或時は殆んど其境界線を見出し難きもの」（田辺 1910:36）であるため、言語と旋律の関係を明らかにする必要があるという。そして考察に先立って、「日本俗楽」を「浄瑠璃系」と「唄物式」の二つに区分する。義太夫節や新内節などの「浄瑠璃系」の旋律は、劇中の言語の「心理的旋律」に多く関係しており、長唄・地唄・端唄などの「唄物式」の旋律は、言語の「物質的旋律」に多く関係しているという。田辺は「心理的旋律」と「物質的旋律」について明確な説明を与えていないが、「心理的旋律」とは文章のイントネーション、「物質的旋律」とは単語の高低アクセントであることが文脈から推測される。田辺は、これらを論じることは「民族心理学上の問題」であるが、とくに「心理的旋律」の分析は困難であるとして、次のように続ける。

> 斯の有名なる実験心理学の大家ヴント教授の著したる民族心理学中には浩瀚なる『言語論』二冊ありて、各国言語の起因、旋律の心理的研究あれども惜むらくは東洋の語、特に我国の言語には及ぶこと尠《すく》なく、採りて以て今日の議論に利用すること能はざれは頗る遺憾なりとす。（田辺 1910:37）

ヴントの書とは、『民族心理学』全一〇巻のうち、最初の二巻「言語論」であると思われる。この書は一九〇〇年から刊行されたものであるから、田辺の著作とほぼ同時期に執筆されていたのである。田辺はこのヴントの書で日本語が扱われていないこと[20]を理由に、「浄瑠璃系」の分析を今後の課題とするとしつつも、ヴントの研究を出発点として「唄物式」の分析に進む。事例として、端

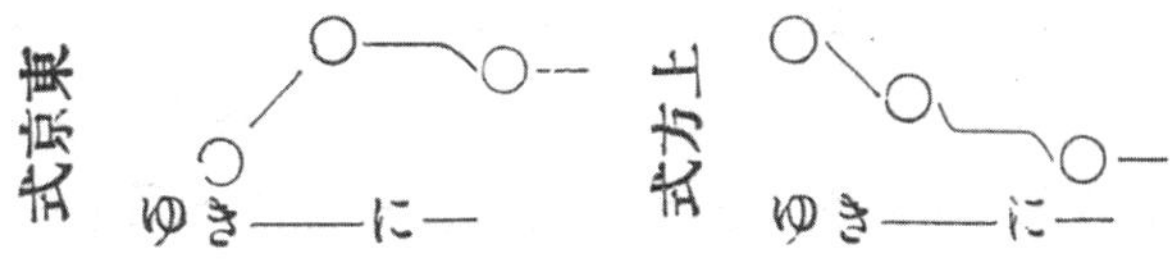

図2　「雪」における東京と上方の方言によるアクセントの差異（田辺 1910:39）

唄物の「雪」における「東京式」と「上方式」（京阪式）アクセントの差異（図2）などが挙げられ、こうした差異が旋律にも反映されていると説明される。

田辺によれば、このような分析を重ねるうちに、主音の下から主音へ向かう際に現れる「導音」は、西洋音階では主音の半音下であるのに対し、日本の俗楽音階では一音（全音）から一音半下になること、また主音の上から主音へ向かう際に現れる「上主音」は、西洋音階では主音の一音上であるが、日本の俗楽音階では四分音から半音上であることが明らかになったという[21]。

この結果から、田辺は、西洋音階では旋律も「厳格なる和声法上の規則に支配せられて、其範囲外に脱出することは比較的困難」であるのに対して、日本の俗楽音階には、「一種の和声法ありと雖《いえど》も、其原則たるや不協和音の解決に基因する旋律上の規則に過ぎず」として、新たな俗楽音階理論を提案する。それは、「基本音階」（図3a）からの「導音的変化」と「上主音的変化」における四分音単位でのズレを特徴とする「俗楽旋律式」（図3b）である。田辺の「基本音階」とは、四度の関係にある二音とその中間音からなる三音を一つの塊として、それを二つ重ねた六音で構成されている。三音の一番下を「根音」、一番上を「上音」、そして中間の音を「中音」と呼び、根音と上音は固定されているが、中音は「言語の旋律」に影響を受けることで「導音的変化」と「上主音的変化」をみせる。

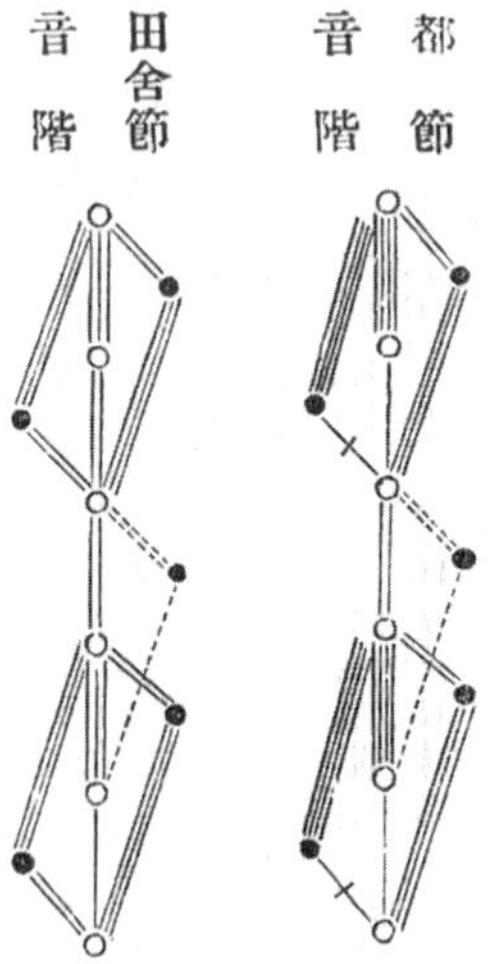

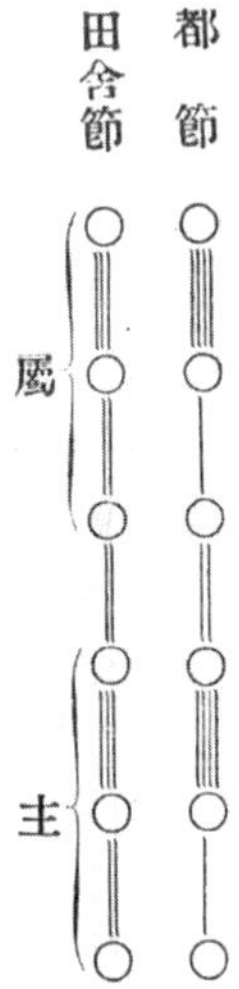

（右）図3a 「基本音階」（田辺 1910:31）
（左）図3b 「俗楽旋律式」（田辺 1910:43）

これらの「変化」とは、旋律式の上に固定されるものではなく、中音から四分の一音・四分の二音・四分の三音というように四分音単位でつねに自由にズレるものである。この旋律式の読み方について、田辺は次のように解説する。「各音間に引きたる縦線の中、一本は半音を示し、二本は半音二つ即ち一音を示し、三本は半音三つ即ち一音半の音程を示す」（図3bの「田舎節音階」の一番下の一本は誤植で、正しくは二本であろう）、「十の記号は音程四半音なることを意味す」、「中央の白圏（白丸）は基本音階を示し、右方の黒圏（黒丸）は導音的変化を示し、左方の黒圏は上主音的変化を示す」（田辺 1910:30, 43）。これは、田辺が五線譜を読めない人に向けて考案した、今でいうユニバーサルデザインである。

以上の三つの論考は、日本の俗楽音階が

「旋律的音階」であるという、田辺独自の音階理論を構築することを大きな目的としていたといえる。それは、田中の「邦楽研究所」で行っていた研究をもとに、シュトゥンプの協和性理論とヴントのリズム論・言語論を援用して、田辺が最初に描こうとした「日本音楽」の特性であった。

しかしちょうどこの時期、哲学科心理学講座の元良のもとで助教授であった福来友吉《ふくらいともきち》（一八六九〜一九五二年）が透視や念写の実験を行ってメディアを騒がせ（いわゆる「千里眼事件」）、物理学科の教授陣が公にそれを強く批判する側についたことをおそらく一つの要因として、田辺は心理学において「日本音楽」の特性を探る音階理論とは距離を置く(22)。そして、音楽史研究において「日本音楽」の特性を探求していくのである。

4　アメリカの音楽鑑賞教育における「国民的特性」

一九一五年一一月に田辺が出版した『西洋音楽講話』は、私立東洋音楽学校で同年八月に行われた田辺の西洋音楽史の夏期講習をまとめたものである。この講義はレコードを用いて行われたという点で、当時の「西洋音楽史」の講義の形態として新しいものであった。田辺は巻頭で、「講習会に於ける蓄音器使用に関しては米国ヴィクトル蓄音器会社出版の Anne Shaw FAULKNER 氏著“What We Hear In Music”といふ書に拠つた」と述べている（田辺 1915「序言」:2）。原著者アンヌ・ショー・フォークナー（一八七七〜一九四八年）の『音楽の聴き方』（一九一三年）は、レコードを使用しながら音楽史と音楽鑑賞を四年間で学べる実用書で、解説の随所に聴くべきヴィクター社のレコード番号が記されている。

フォークナーの原著の一年目のプログラム（レッスン一〜三〇）は、The Principles of Music「音楽の要素」（以下「　」内は田辺訳）と題して、(一) Nationality「国民的特性」、(二) Formal construction「形式的構造」、(三) Poetic thought「詩的思想」、(四) Program music「描写」、という四つの要素を学習する。[23] この前半ではそれぞれの要素の概念が説明されており、そこで(一)の「国民的特性」がもっとも反映されているのがNational music「俗楽」であるとされることから、後半では欧米各国の「俗楽」の特性が、「立派な音楽が速く進歩をして行つた歴史的の順序」（田辺 1915:107）によって解説される。つまり、「国民的特性」を反映する「俗楽」が、いわゆる「芸術音楽」の発達史と重ねて認識されるよう配慮されているのである。

フォークナーの原著にはなく田辺の『西洋音楽講話』にのみ観察できる大きな特徴を二つ挙げよう。一つは、この各国の「俗楽」の説明個所に、勃発してから一年が経とうとしていた第一次世界大戦における西洋諸国の関係や状況（とくに仏独）について解説があることである。[24] もう一つは、『西洋音楽講話』の初版から十年後に出版された改訂版のほうでは、巻末に「附録」が増補され、第一次大戦の終結後に進行中の「芸術音楽」である「現代音楽」の動向について書き添えられることである。[25] 原著は第一次世界大戦が勃発する以前の出版であるから、当然これらの記述はない。

「現代音楽」に対する田辺の評価には興味深い点がある。田辺によれば、「ヨーロッパの現代音楽

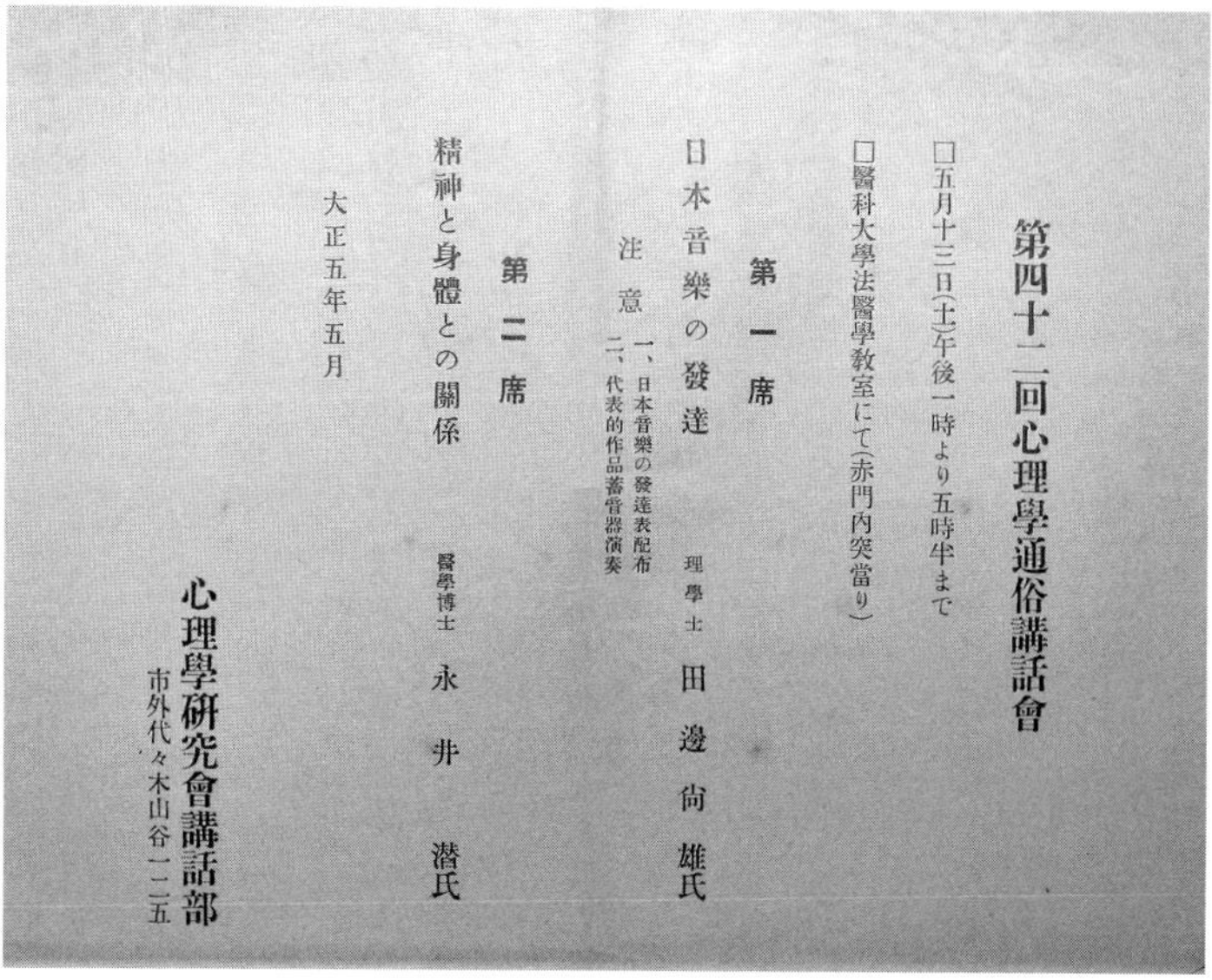

第四十二回心理學通俗講話會

□五月十三日(土)午後一時より五時半まで

□醫科大學法醫學教室にて(赤門内突當り)

第一席

日本音樂の發達　理學士　田邊尚雄氏

注意　一、日本音樂の發達表配布　二、代表的作品蓄音器演奏

第二席

精神と身體との關係　醫學博士　永井潜氏

大正五年五月

心理學研究會講話部

市外代々木山谷一一五

図4　「日本音楽の発達」(民音音楽博物館蔵)

中には二つの潮流があつて、一つは真面目に長い間の進歩発達を経て必然的に今日の文明が生み出した当然の経路を示す〔中略〕新音楽」があり、もう一つは「騒音〔Noise〕をやたらに使用する」「女々しい、感傷的な、神経過敏な、ヒステリー的な音楽」があるという（田辺 1925:395-401）。明示的には語られていないものの、前者はアルノルト・シェーンベルク（一八七四～一九五一年）やイーゴリ・ストラヴィンスキー（一八八二～一九七一年）の音楽で、後者はルイジ・ルッソロ（一八八五～一九四七年）ら未来派の「騒音音楽」を指すものであろう。[26] 田辺が後者を批判する言葉は、異様なまでに強い。これはおそらく、「日本音楽」の「国民的特性」を音階理論と協和性理論によって語ることに尽力してきた

田辺にとって、これらの理論をもたない音楽の潮流が西洋に誕生したことは、受け入れがたいことであったのではないかと推測される。

田辺はこの『西洋音楽講話』で培った、「国民的特性」が反映された「俗楽」という音楽思想を、すぐさま「日本音楽」において応用しようとしている。一九一六年五月一三日、第四二回心理学通俗講話会で、「日本音楽の発達」という講演を行っている(図4)[27]。

講演の全文は残されていないが、雑誌『趣味之友』『層雲』に掲載された講演概要を参照すると、「日本音楽」を「原始時代」「雲上中心」「武家中心」「平民中心」という四つの時代に分けて、「原始時代」を除いたそれぞれの時代に「形式主義」「人情主義」「印象主義」という特性をみいだそうとしている。心理学通俗講話会での講演であるにもかかわらず「心理」という用語が一度も出てこないが、こうした「日本音楽の発達」の仕方に、「国民的特性」としての集合的な心理や性格を観察しようとするものであったと推測される。田辺がその当日に配布した「日本音楽発達表」(図5)[28]には、表の左側に「(和聲的音階)」「(旋律的音階)」とあり、時代が「発達」するにつれて、和声的音階から旋律的音階へと変化していったかのように示されている。ここからは、かつて田辺がシュトゥンプとヴントの心理学によって構築した音階理論である「和声的音階」「旋律的音階」の二項によって、「日本音楽」の特性を描く試みを継続していることが理解できる。

しかし、「日本音楽の発達」という表現を用いながら、ここになにがしかの「発展」のパースペクティヴを認めることは難しい。たとえば、この表にあるような、「原始時代」の「神楽」「久米

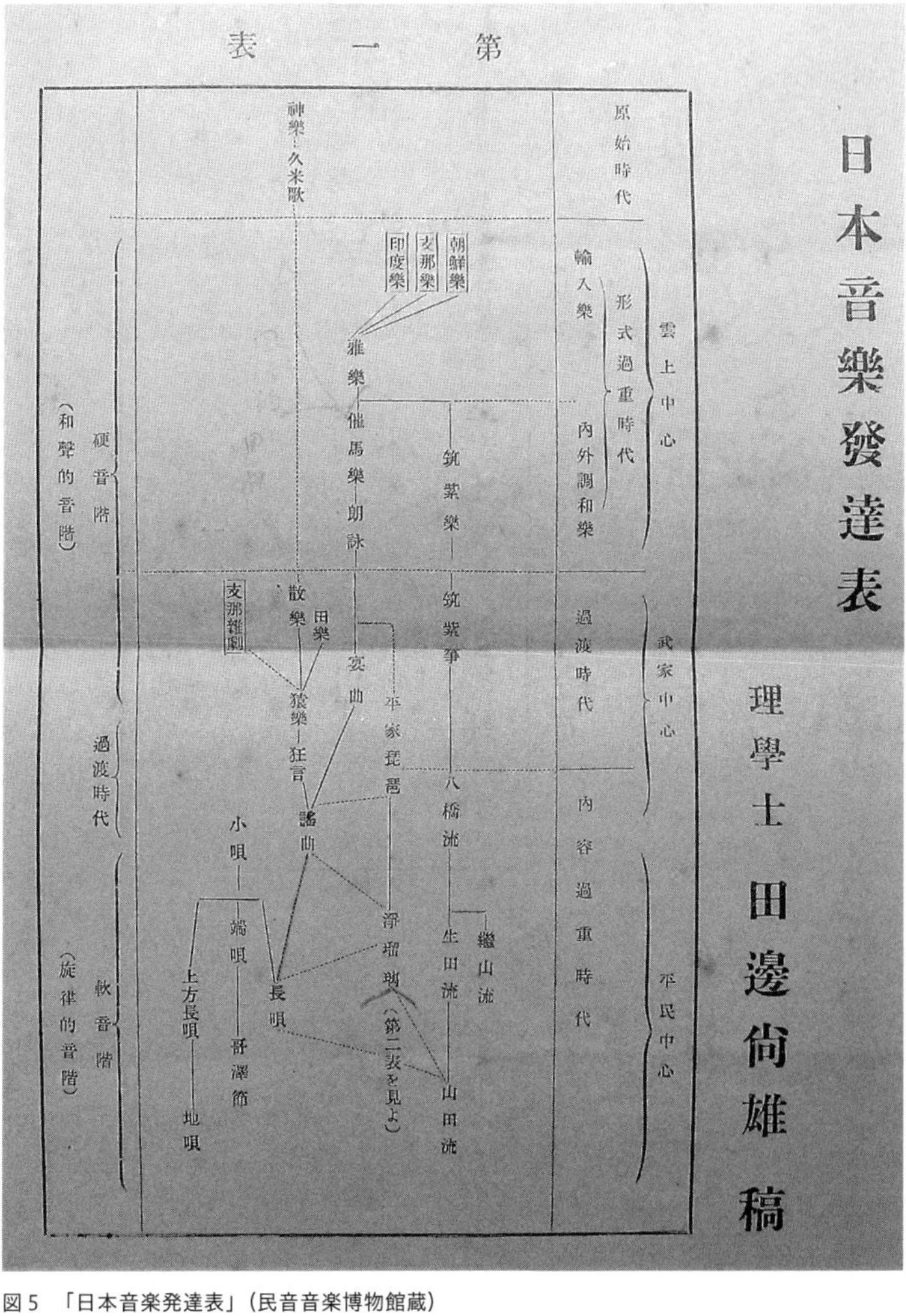

図5　「日本音楽発達表」（民音音楽博物館蔵）

歌」が「雲上中心」の「雅楽」「催馬楽」「朗詠」に発達し、それが「武家中心」の「謡曲」へ、そして「平民中心」の「浄瑠璃」「長唄」などへと「発達」したと証明することは不可能だからである。このことは、田辺自身も気づいていたものと思われる。

一九一八年九月に出版された歴史学の短編翻訳集『史論叢録』の下巻に収録された、田辺の翻訳「音楽の発達と其民族の特性」には、この問題を乗り越えていくプロセスが確認できる。この著作は、「(上) 音楽と社会生活の関係」と「(下) 近世の国民音楽と其国民性及歴史との関係」の二部構成になっている。田辺が「国民性」という言葉を用いたのは、これが初めてであると思われる。

『史論叢録』上下巻は、第一次世界大戦を背景として、「国家興亡の史実と理義とを尋究」(上巻、「凡例」:1) するために出版された、ランケなど世界の著名な歴史書の翻訳コレクション『興亡史論』(興亡史論刊行会編) の最終二巻である。田辺の「音楽の発達と其民族の特性」という主題も、こうした歴史的背景に沿うものであることが、次のように簡潔に述べられている。

> 「音楽の発達と其民族の特性」てふ様な題目の下に論じたいと思ふ事柄は非常に沢山ある。又音楽の如き抽象的芸術の徹底的な研究は必ず斯様な根抵から出立して行かなければならぬと私は平素考えて居る。
>
> (田辺 1918:75)

前半の「(上) 音楽と社会生活の関係」は、フランスの音楽学者ジュール・コンバリゥの『音楽、その法則と進化』(一九〇七年)からの抄訳、後半の「(下)近世の国民音楽と其国民性及歴史との関係」は、先の『西洋音楽講話』で使用されたフォークナーの『音楽の聴き方』からの抄訳である。ただし、今回の抄訳は、『西洋音楽講話』では使用されなかった部分を含んでおり、さらに重要な訳語の変化を伴っている。

あらたに翻訳が加筆されたのは、一年目のプログラムの中ほどに位置するThe Characteristic Differences in the Music of Nations「国民音楽に特異なる性質」という二回にわたるレッスンである。変更された訳語で注目したいのは、『西洋音楽講話』では「俗楽」と訳されていたnational music / music of nationsという用語が、今回はほぼすべて「国民音楽」と翻訳されていること、そして、これまで「国民的特性」と訳されていたnationality / national feelingが、「国民性」と訳されていることである。

「国民音楽」「国民性」といった訳語への変更の背景には、世界初の国家総動員型の戦争として長引いていた第一次世界大戦によって、この『興亡史論』の主題のように一部の知識人のあいだで国民意識が高まりをみせていたことがあると推測される。日本はこの大戦での実戦が一九一四年の青島と南洋諸島の占領しかないため、一般的には戦争の実感が欠如しているといわれている。[29]しかし当時の田辺の日記には、大戦に関する輸入物の活動写真の上映予告チラシが複数挟みこまれて保存されており、実際にそれらをみるために浅草へ行った記録もあることから、[30]田辺は大戦の動向に大きく関心を抱いていたことがわかる。

5 「日本音楽」と「民族の特性」

一九一九年一〇月に刊行された田辺の大著『日本音楽講話』（全七六四頁）は、「日本音楽」に関する初のベストセラー・ロングセラーとなった作品である。脱稿した同年二月はまだヴェルサイユ講和条約締結（一九一九年六月）の前であり、田辺は序において、

今や帝国の覇業漸く成らんとするの時に当り、その特に幼稚なる「音楽科学」界に孤軍奮戦、以てその前途に対し一條の光明を置かんと勉むるは、之れ偏へに聖代の皇恩と恩師の徳とに報ゆるの道に非ずして何ぞや。

（田辺 1919「序」:4）

と、目の前の戦争と目の前の音楽研究を戦いのメタファーで結んでいる。「音楽科学」とは Musik-wissenschaft の訳語であるが、先輩の乙骨がすでにこれを「音楽学」と訳しているにもかかわらず、あえて「音楽科学」という訳を選んでいるところからは、この著作が田辺の目指した「日本音楽の科学的研究」の集大成の一つであったことが窺い知れる。

『日本音楽講話』の最大の特徴は、これまで模索してきた「日本音楽の発達」を、「国民性」の含まれる度合いによって測ろうとするところである。田辺は、中国大陸や朝鮮半島から輸入された雅楽が「日本化」されるまでに数世紀がかかったことを考えるならば、西洋から輸入された音楽が

「日本化」されるのも二一世紀に待つべきであるとして、次のように述べている。

今日と雖《いえど》も西洋音楽が我が国民性に融合しつゝあるといふことは争はれない。〔中略〕之等が永い間に積り積つて遂には西洋音楽が日本化して普及される黄金時代が到達するには相違ない。

（田辺 1919:42–43）

ここで田辺は、西洋音楽が日本の「国民性」に融合すること、または「日本化」して普及することで、日本音楽の将来に「黄金時代」が来ると見立てているのである。続くところでは、そうして「黄金時代」が来るまでのあいだ、その代替として雅楽を実践すべきであると主張している。

こうしたことから田辺はこの著作の大半のページ数を費やして、中国大陸や朝鮮半島から輸入された雅楽が「日本化」したプロセスを、未来のための前例とすべく論じるのである。この雅楽の発達史の冒頭に、初めて「民族の特性」という用語が登場する。

原始状態に於て主として声楽が発達するか又は器楽が多く行はれるかといふことはその民族の特性に依ることと予は考へる。日本民族は実にその原始状態に於て声楽的民族であつたのである。

（田辺 1919:76: 各種傍点は原文による）

ここでついに、日本人は「原始状態」において「声楽的民族」であるという、音楽における本質主義的な「民族の特性」=「民族性」「国民性」が与えられたのである。田辺によれば、この日本の「原始状態」の声楽が、中国大陸・朝鮮半島から日本へ渡来した「進歩発達した」雅楽の楽器によって発達し、さらに再び声楽的な「民族の特性」によって発達して、雅楽の歌物（声楽）である催馬楽・朗詠へと進化し、それが謡曲、平家琵琶、浄瑠璃を導いていく。その様子を田辺は、

即ち後世になつて斯様に大なる日本音楽の系統を導き得たといふのは平安朝の中期以後になつて支那大陸の音楽が初めて日本固有の精神に同化し得た結果である。（田辺 1919:272）

と述べて、「民族性」「国民性」を「日本固有の精神」と読み替えて論じている。

さらに、このような「日本音楽」の発達史を支える理論として、田辺はシュトゥンプとヴントの心理学によって理論づけて反復してきた「和声的音階」と「旋律的音階」を、再び挿入する。そして、「和声的音階」を「一定の理屈でもつて細かく算術から割り出して計算して作つた音階」、「旋律的音階」を「大体の要所々々丈けを計算して定めて置いて中間の音は大体の目安で分けて行くといふ音階」と再定義した上で、前者である「奈良朝頃から支那の進歩した音階」が日本へ輸入され、平安朝後期に後者である「日本式の声楽」へと「発達」したと述べることで、田辺は「日本音楽の発達」を完成させる（田辺 1919:276-277）。かつて田辺が心理学の援用によって構築した「和声的

音階」と「旋律的音階」が、ここにきて「日本音楽」の特性を「国民性」「民族性」と結びつけるための理論的支柱となったのである。そして一九三〇年代に日本が国際連盟脱退によって国際社会において孤立を深めるに従い、「日本音楽の優秀性」を唱え始めた田辺は、一九四〇年代にはその延長線上に日本を中心とした「大東亜音楽発達史」の研究を展開していくことになる。[31]

おわりに

シュトゥンプの協和性理論とヴントのリズム論・言語論という心理学を援用して、「日本音楽」の特性を「旋律的音階」によって描いた田辺は、第一次世界大戦を背景に着手した音楽史研究において、「日本音楽」の歴史的起源としての特性を「声楽的民族」であるとし、それをまた「旋律的音階」によって理論的に補強した。これらのことは、国家や民族を単位とする特性は、その思想の発端がどれほど科学的とされるものであれ、国家や民族間の紛争や戦争、軋轢を背景として、本質主義的な「国民性」「民族性」に読み替えられる危険をはらんでいることを示している。

再び認知心理学者の髙野を引用すると、私たちは人の行動の原因を（外的要因にではなく）その人の「内部の特性」に対応させて推測してしまう根強い偏りをもつことが、多くの心理学的実験によって明らかになっており、「日本人は集団主義」もそれによって生じたものだという。[32]なぜ髙野がこのように注意喚起するのかといえば、「本質」的な「国民性」「民族性」の言説は、戦争や紛争において敵対する相手を、自分たちとは「異質」の存在であるとして敵対感情を煽るために政治利用されるからである。(33) この考え方に従うならば、田辺の「日本民族は〔中略〕声楽的民族」も、日本人の「本質」を描くことで、「異質」な外敵を排除しようとしたものであるということができるかもしれない。

冒頭で紹介した「エスニック・ジョーク」はよくできたジョークではあるが、インターネット上では特定の民族や国籍の人々を排斥するヘイトスピーチに利用される懸念も皆無ではなく、その濫用には十分に慎重であるべきだろう。もとよりジョークとは、時と場所と話す相手を選ぶものである。それと同様に、国際連合の一専門機関であるユネスコの無形文化遺産の保護条約といった、世界各国の音楽を「文化多様性」の名のもとに保護しようとする行為も、「多様性」の理念が十分に共有されないまま国を単位とする音楽の特性の言説のみがインターネット上で濫用されることで、個の特性をないがしろにする可能性のあることを、十分に配慮する必要がある時代を私たちは生きているのである。

註

（1）ここではアンリ・ベルクソンの『笑い』にあるように、笑いとは「注意深いしなやかさと生きた屈伸性とがあって欲しいそのところに、一種の**機械的なこわばり**がある点」（Bergson 1970［1900］:391［ベルクソン 2018:19］）によって引き起こされるものとする（太字は原文ではイタリック表記）。

（2）髙野 2019:23

（3）菊地・福井 2018:56–58

（4）鈴木 2019:65–78 田辺が乙骨に距離を置くことで自分の学問を特徴づけようとしていたことは確かで、たとえば、乙骨は、自身が編集人・同人として活躍していた雑誌『音楽』（一九一四～一六年）で、フーゴー・リーマンの『音楽学提要』を初めて日本に紹介して「音楽学」という訳語を使用したが、田辺はリーマンのこの書を参考文献として紹介するに留めており（初出は田辺『最近科学上より見たる音楽の原理』（1916））、さらに、本文でも後述するように Musikwissenschaft には「音楽科学」（田辺 1919）という訳語をあてている（☞第一章）。

（5）田辺 1981:215

（6）田辺が当時の西洋音楽のスタンダードであった平均律に対して、アンチテーゼとして純正調の研究に取り組んだことに関しては以下を参照されたい。鈴木 2019:42–49

（7）鈴木 2019:74–75 田辺は学部生時代に、音響学・音楽理論・楽器史・美学に関する欧米の論文を翻訳して雑誌『音楽』に投稿していた。これらのうち、「音楽の主観的価値」（一九〇七年三月）と「音楽美学論」（一九〇七年七月）は、アメリカの音楽評論家ウィリアム・ジェイムズ・ヘンダーソンの『よい音楽とは何か？――音楽芸術の趣味供与の向上を目指す人への助言』（Henderson 1898）を部分的に翻訳したものであるが、

（8）田辺はヘンダーソン経由でカント美学に影響を受け、音楽作品においては「形式」が「自由美」よりも優位にあるという価値判断をみいだした。これ以降、田辺がカントの美的判断について考察を深めることはないが、音楽における「形式」対「自由美」という二項対立は、のちに田辺が音楽の特性を描く際にしばしば用いられることになる。
（9）田辺 1981:223
（10）大山・大泉 2014:258–262
（11）菅野 2007:55
（12）田辺 1908:162–168
（13）Martinelli 2004:85–90
（14）三つの論考のより詳しいつながりについては以下を参照されたい。鈴木 2019:87–105
（15）高橋 2016:127–144
（16）「粋」の研究として想起されるのは、哲学者の九鬼周造の著『「いき」の構造』（一九三〇年）であろう。これは田辺の「粋」の研究からおよそ二〇年後の作品である。九鬼の草稿（一九二六年）に、執筆に際して田辺の論考を参照した形跡が残されている。以下を参照。安田・多田 1992:5–7
（17）田辺 1909年1月:2
（18）Michon 2018
（19）2／8、2／4、3／4、4／4。『生理心理学』英訳（Michon 2018:514–515）を参照。
（20）田辺 1909年3月:189
中野（1985）によれば、当時ヴントは第二高等学校（旧制）の入江という教授にコンタクトをとり、一九一一年に出版する『心理学入門』では、清少納言『枕草子』について触れているという。

（21）田辺 1910:39
（22）鈴木 2019:52–58
（23）Faulkner 1913:10; 田辺 1915:1
（24）田辺 1915:103–152
（25）田辺 1925:395–402
（26）岡田 2010:54–58
（27）田辺の一九一六年の日記（民音音楽博物館蔵）に挿入されていたもの。
（28）同右。一九一九年出版の『日本音楽講話』の巻頭にある「日本音楽発達概観表」との著しい差がみられるが、別稿に譲る。『日本音楽講話』については、鈴木（2019）を参照。
（29）木村 2020:13–14
（30）「欧州大戦戦線内 最近実写 活動大写真」の上映等。一九一五・一六・一七年の田辺の日記（民音音楽博物館蔵）。
（31）詳しくは鈴木（2019）の第三部を参照されたい。
（32）髙野 2019:193–196
（33）髙野 2019:283–291

Column - 2

コラム②　両大戦間の「音楽」心理学

木村直弘

一九三一年、辛辣な批判的言説で知られるテオドール・アドルノがここ数十年の音楽研究においてもっとも重要な成果の一つと評した書物、それが当時スイスのベルン大学教授だった音楽学者エルンスト・クルト（一八八六〜一九四六年）の『音楽心理学』（一九三一年）である。従来のカール・シュトゥンプなどによる「音心理学」と一線を画す意味で、初めて「音楽心理学」を名乗ったことで知られるこの書は、一九二九年の世界恐慌後という状況下にもかかわらず売り上げも悪くはなく、ウィーン大学で師事したグイード・アドラー（☞総説）からも賞賛されるなど音楽学界でも評価された。ところが、英語圏を代表する音楽事典『ニューグローヴ世界音楽大事典』（一九八〇年）の音楽心理学の項には、クルトや『音楽心理学』の語はみえない（二〇〇一年の第二版では言及あり）。それはなぜか。

戦争は学問の世界にも大きく影響する。第一次世界大戦以前のドイツ語圏で、哲学講座の教授職が実験心理学の代表者で埋められていた状況も、敗戦で一変した。戦時中の実験心理学は、敵を知るため民族心理学を用いて軍歌や愛国歌の比較研究を行ったり、軍事心理学として兵士の訓練と適性テストに集中したりした。しかし、戦後ヴァイマール共和国時代における、合理性・実証性・論理性を敵対視する風潮の中で、その多くは応用心理学への方向転換を余儀なくされる。

一方、戦前は形勢が悪かった純粋哲学では、近代自然科学への過度の依存に対する反省から、直観・全体論・共同体の価値を重視する生の哲学、現象学が台頭する。その影響を受けて心理学では、生の哲学の先駆者とみなされたヴィルヘルム・ディルタイの精神科学的心理学がリヴァイヴァルし、実験心理学からは、現象学との親和性をもつゲシュタルト心理学が生まれた。たとえばその創始者であるマックス・ヴェルトハイマーやヴォルフガング・ケーラーは、近代科学がいかに経験を歪めてきたか批判し、戦前の心理学を、死んだ・静的な・断片的な（＝要素的な）ものとし、ゲシュタルト心理学を最良の救済策とした。結果的に一九二〇年から三三年にかけて、ほかの学問分野もゲシュタルト心理学に大きく影響される。クルトもその例外ではなかった。

ゲシュタルト知覚とは、基本的に、複雑なパターン構造を構成する個々の部分の総和が全体として新しい知覚の質を獲得し、刺激パターンをたんに個々の部分の集合体としてみるのとは異なる、という考え方である。クルトが、自らの音楽心理学を音心理学とあえて二項対立的に差別化する際のポイントも、「全体性」や「経験としての音楽」であった。すなわち音心理学が、生理学と同様、刺激と反応のあいだの一対一の測定可能な対応関係を前提とし、音、音程、和音、リズム単位といった単一の印象に焦点をあてるのに対し、音楽心理学は、流れる全体に焦点をあて、この全体から個々の印象を考察するとされる。クルトにとって音楽とは、物理的音響現象としての諸音の単なる連なりではなく、聴き手の内的世界において、エネルギー、空間、物質を精神的に経験する能動的なプロセスである。つまり、精神が音刺激に支配されるのではなく、精神が音刺激をとり込むのである。その意味ですべての音楽は、聴き手の精神活動に基づく「意志」のダイナミズムであり、クルトはこの心理的プロセスを、運動、エネルギー、力、緊張といった力動性を示す比喩的な言葉を用いて説明した。

『音楽心理学』序文でクルトは、その音楽心理学が、音心理学でもなければ音楽美学でもなく、音楽の聴覚の根底にある心理的機能の研究であることを宣言している。そこには、ゲシュタルト心理学が当時ヨーロッパであらゆる分野を席巻していたことを踏まえ、自らの新しい音楽心理学を、あらゆる音楽研究の基礎に据えようとする含意がある。さらにクルトは心理学の分野そのものにも貢献しようとしていた。よって『音楽心理学』では、読者として心理学に興味をもつ音楽家が想定されてはいるものの、具体的な音楽作品への言及はほとんどなく、楽譜も省略された。要は、音楽と心理学両方の分野で、専門家でなくても理解できるような記述にこだわる必要があるとクルトは考えたのである。

こうした発想には、彼の経歴が大きく影響している。一九〇四年にウィーン大学に入学し、音楽学のほかに哲学と歴史学を学んだクルトは、一九〇八年オペラ・セリアの様式史研究で音楽学の博士号を取得した。その間、一時期アドラーの助手も務めている。その後クルトは、一九一一年から一二年にかけて、ヴィッカースドルフ自由学校共同体の音楽教師となる。青年運動および新教育運動の指導者グスタフ・ヴィネケンが創立したこの小中高校生のための実験的な寄宿学校（田園教育舎）では、伝統的ギムナジウムとは一線を画した自由な雰囲気の中で（「文明」に対するものとしての）「文化」教育が行われ、その精神性を担保するために音楽がその中心に据えられていた。その音楽監督アウグスト・ハルムの教育は、厳密な音楽理論体系にとらわれず日常的な言葉を用い、生きた経験として音楽を説明し分析することに重点を置いていた。ハルムの後任となったクルトもそのスタイルを継承し、それは一九一二年ベルン大学に赴任後も学内外の講義・演習・講座で続けられることになった。

結果的に、すでに『音楽心理学』以前に書かれた、ヨハン・ゼバスティアン・バッハ、リヒャルト・ヴァーグナー、アントン・ブルックナーに関するクルトの分析書も、実証主義的・合理主義的な音楽理論の枠組みを避け、心理的・比喩的な散文スタイルの文章で綴られることになる。それゆえ歴史的音楽学が王道である音楽学界では賛否両論あったが、それらが多くの版を重ねたことからもわかるように基本的には高く評価され、英語圏でも知名度は高かった。これらの分析書は表向きはそれぞれの音楽様式についての研究だが、そこには、フーゴー・リーマン（☞第一章）の和声理論を批判した教授資格論文から一貫して、ヴィッカースドルフでの教育経験に根ざした「心的活動性」へのこだわりが通底している。

クルトは、自身の音楽心理学的アプローチを音楽理論の必然的な改革と捉えていた。つまり当時の音楽学界でスタンダードであった、リーマンに代表される図式的な音楽理論・静態的な音楽分析を避けるために、心理的な「生きた経験」をクローズアップしたのである。しかし第二次世界大戦後、クルトにみられるような非合理主義的な反近代思想は、まさに青年運動がヒトラーユーゲントの源となったように、（じつは、ユダヤ人であったクルトの著作はナチスによって図書館から撤去されているのだが）ナチスを先取りしたものと解釈されるようになる。そうした両大戦間の支配的思想傾向への反動として、戦後、各学問分野で実証主義が再び主流となり、クルトの名も忘れ去られた。結果的に、「音楽心理学」の名の初出は、心理学が一九四〇年代以前は哲学から独立できなかったドイツ語圏に代わり、アメリカ実験心理学、すなわち『音楽心理学』と同じく両大戦間に出版されたジェイムズ・マーセル（一九三七年）、カール・シーショア（一九三八年）、マックス・シェーン（一九四〇年）それぞれの『音楽の心理学』とみなされることとなった（彼らに続く世代の研究者が、第四章に登場するダイアナ・ドイチュである）。その後、音楽理論史や認知音楽心理学の分野からクルトへの学問的関心が高まるのは、音楽学界で過剰な実証主義への反省がみられるようになった一九八〇年代後半以降である。冒頭の問いへの答えは、まさにここにあった。

第四章

心理学者と音楽理論家のコラボレーション

マイヤーとロスナーによる学際的な取り組み

小寺未知留

はじめに

私たちはどのように音楽を聴いているのだろうか。いい換えると、私たちはどのように音楽を知覚しているのだろうか。そのメカニズムは、二一世紀の現代においても完全には解明されていない。しかし、だからといって、何もわかっていないというわけでもない。二〇世紀初頭のウィーンの心理学者たちによって提起・探求された「ゲシュタルト」は、音楽の知覚を論じる上で、一つの重要なキーワードであり続けている（☞第二章・コラム②）。まずは、二〇世紀後半のアメリカにおいて、ゲシュタルト心理学を音楽、とくに西洋の調性音楽と関連づけて論じた二人の研究者を紹介しよう。

一人目は、当時カリフォルニア大学サン・ディエゴ校に勤めていた音楽心理学者ダイアナ・ドイチュ（一九三八年〜、イギリス出身）である。彼女は、一九六〇年代には音楽に関連する心理学的な研究に着手しており、一九八〇年頃にはその領域を牽引する研究者の一人であった。その一九八〇年に彼女は、当時の音楽心理学の知見に基づいた「音楽の知覚」という論文を発表している。この論文は、『音楽季報』というジャーナルに掲載されたもので、その中では、心理学の専門家ではない人に向けて、知覚のルールともいえるゲシュタルト原理が解説されている。ドイチュは、ゲシュタルト原理を音楽に応用する前に、まずは視覚でのゲシュタルト原理について説明する。視覚では、たとえば、離れたところにある要素よりも近くにある要素のほうがまとまりとして知覚されやすく（近接の原理）、また、似た性質をもつ要素同士もまとまりとして知覚されやすい（類同の原理）。それを踏まえた上で、聴覚でも同様の原理が働くとして、時間的に近い音や周波数が近い音がまとまりとして知覚されやすく、また似た性質の音同士もまとまりとして知覚されやすいことが説明される。具体的にはたとえば、一定以上のテンポで周波数の大きく異なる二つの音が交互に提示された場合、私たちの聴覚は、周波数の低い音は低い音だけで一つのまとまりとして、高い音は高い音だけで一つのまとまりとして知覚するという。この解説は二一世紀に入ってからも有効性を失っておらず、ゲシュタルト原理は、彼女が編者を務める概説書『音楽の心理学』第三版（二〇一三年）においても基礎的な考え方として紹介されている。

二人目に紹介する研究者は、音楽理論家として知られているレナード・マイヤー（一九一八〜二〇〇七年）である。アメリカでは、一九五〇年代に音楽理論を対象とした専門的な学術誌が刊行され、一九七七年には全国規模の専門学会も発足した。[1] マイヤーが研究者として活動していた時期は、これまでの章ではあくまで一領域として扱われていた音楽理論が、その組織・制度を整備し、徐々に独立した学問分野とみなされるようになっていく時期と重なっている。彼は、一九五六年の著書『音楽における情動と意味』の中で、音楽を聴く人のうちに情動（emotion）がどのようにして生じるのか、そのメカニズムを説明している。彼によれば、人は、音楽を聴いているとき、その音楽がその先どのように続いていくのかを予想あるいは期待しながら聴いており、その期待が外れると情動が生じるという。(2) このメカニズムを検討・解明するためには、聴き手の期待（☞コラム③）について理解していなければならない。マイヤーがそのための土台としたのが音楽の知覚であり、これを説明するゲシュタルト心理学であった。マイヤーはその後、期待や情動の問題からは離れるが、(3) 音楽の知覚を考慮した音楽理論の構築に力を注ぎ、その成果は、リズムに関する『音楽のリズム構造』（一九六〇年、グローヴナー・クーパーとの共著）や、旋律に関する『音楽を説明する』（一九七三年）などにまとめられることになる。

このように、二〇世紀後半、心理学者のドイチュと音楽理論家のマイヤーは、異なる学問分野に身を置きながらも、ともにゲシュタルト心理学を参照しつつ、音楽の知覚について論じていた。いい換えれば、少なくとも当時、音楽の知覚は、心理学者と音楽理論家にとって共通の関心事だったのである。音楽の知覚そのものについての詳しい議論は専門家に任せるとして、本章は、二〇世紀後半のとくにアメリカにおいて、音楽の知覚に対してともに関心を示していた心理学者と音楽理論家、ひいては心理学と音楽理論という二つの学問分野が、どのような関係にあると考えられていたのか、また実際にどのような関係を築いていたのかを紐解いていく。それを通して、心理学と音楽理論のあいだの学際的な関係が具体的にどのようなものであったかを検討したい。

1 『音楽の心理学』第一版（一九八二年）の概要

そこで焦点をあてるのが、ドイチュを編者として一九八二年に出版された『音楽の心理学』第一版である。この本は、音楽の心理学に関する当時の研究状況をまとめたもので、認知科学以降の音楽心理学の記念碑的な業績として日本語にも翻訳されている。一八の章はそれぞれのテーマの専門家が執筆しており、たとえば、リズムに関する第六章はフランスの心理学者ポール・フレスが、音の高さに関する第一一章はロジャー・シェパードが[4]、演奏に関する第一六章はジョン・スロボダが担当している。また、マイヤーが心理学者バートン・ロスナーとともに執筆した「旋律過程と音楽の知覚」も、第一〇章として掲載された[5]。

ここで、『音楽の心理学』が編まれた時代背景を知るためにも、ドイチュによる序論の一節に注目したい。

これらの〔音を精密に制御する十分な技術がこれまでにはなかったという〕諸要因を考慮するならば、〔コンピュータ技術が発達した〕ここ一〇年ほどのあいだに、心理学者と音楽家の双方で、音楽の実証的〔empirical〕な研究に対する関心が急激に高まってきたことは、偶然の一致ではないといえよう。〔中略〕研究者たちは、心理学のほかの領域や音楽理論で最近発展した概念的枠組みに基づいて研究することが可能となっている。〔中略〕このように科学者と音楽家の双方の関心が高まったことにより、音楽の〔心理的な〕処理についての研究は急激に増加しており、そしてもっと重要なこととして、音楽家と科学者とのあいだの協力が多く行われるようになっている。

(Deutsch 1982a:xiii–xiv［ドイチュ 1987:xviii］)[6]

科学史の観点からはテクノロジーの発展が音楽研究に及ぼした影響も重要な論点ではあるが、本章で注目したいのは、ここに「音楽理論」という言葉が登場することである[7]。この序論からは、一九八〇年代初期、音楽を心理学的に研究するにあたって、音楽理論が重要な参照先であったことがわかる。つまり、音楽理論の研究が心理学の研究に対して何らかのかたちで貢献していたのである。では、それはどのような貢献だったのだろうか。あるいは、学問分野としての音楽理論は、心理学とのあいだにどのような関係を取り結んでいたのだろうか。また、ドイチュのいう「音楽家と科学者とのあいだの協力」とは具体的にはいかなるものだったのだろうか。

以下では、これらの問いに基づき、『音楽の心理学』を中心に、心理学者と音楽理論家が当時どのように協働＝コラボレーションの可能性を模索したのかに迫る。第二節では、『音楽の心理学』に寄稿した研究者たちが、心理学と音楽理論の関係をどのように想定・設定し、論述していたかを列挙する。それを通して、二つの学問分野の関係としてさまざまなタイプのものが考えられていたことが明らかになるだろう。第三節では、ロスナーとマイヤーがどのようにして共同研究を進めたかを、書簡などをもとに辿っていく。その結果として、彼らの共同研究がさまざまなレヴェルでの接近に基づいていたことを提示したい。どちらの節においても、心理学と音楽理論のあいだの学際性の内実が検討されることになる。

2 心理学と音楽理論の関係

学問分野としての音楽理論は、心理学とのあいだにどのような関係を取り結んでいたのだろうか。この点に注目して『音楽の心理学』を読むと、想定されている関係が寄稿者によって異なっていることがわかる。以下では、『音楽の心理学』における五つの章を例に、どのような関係が想定されていたかを読み解いてみよう。

一つ目の章は、第一六章「演奏」である。この章を執筆したイギリスの音楽心理学者ジョン・スロボダは、次のように述べる。

〔演奏プランに関する〕上述の考察は、音楽の構造に関する音楽学的記述（たとえば、クーパーとマイヤー（一九六〇年）、フォート（一九六二年））が、どの程度音楽の知覚や演奏における心理的構造（ラスク（一九七五年）、パーキンスとハワード（一九七四年〔実際は一九七六年〕）をも記述できるかについては明らかにしていない。それら〔音楽学的記述〕は、将来の経験的研究を方向づけるための仮説の豊かな源とはなるだろう。ただし、それら〔音楽学的記述〕が、あらゆる状況におけるすべての演奏者にとって心理的な実体をもっていると仮定すべきではない。

（Sloboda 1982:482［スロボダ 1987:592］）

ここでスロボダが用いている語は、「音楽理論」ではなく「音楽学」であるが、「音楽学的記述」として挙げられている二つの文献、クーパーとマイヤーの『音楽のリズム構造』とアレン・フォートの『調的和声の概念と実践』は、いずれも音楽の構造について論じた典型的な音楽理論の文献だといえる。そのため、最後に但し書きが付けられているものの、スロボダは、音楽理論の研究を心理的な問題に関する「仮説の豊かな源」とみなしていたことがわかる。

二つ目に注目する最終章「新しい音楽と心理学」は、ドイチュと同じカリフォルニア大学サン・ディエゴ校に勤めていた作曲家ロバート・エリクソンが担当した。「新しい音楽」というのは主として二〇世紀以降に作曲・発表された音楽のことを意味しており、大まかにいえばいわゆる「現代音楽」を指している。エリクソンは、「音楽理論と実験科学」と題された最終節で次のように述べる。

私は、認知心理学における諸発見が、そのまま音楽理論になるとは思っていない。それらは、音楽のさまざまな側面についての理論が構築される土台である（べきである）。私たちの知覚的処理や知覚の方略を考慮に入れない音楽理論は、いかにその上部構造が精巧であっても、現実世界のどのような音楽活動ともつながりをもつことはないだろう。

(Erickson 1982:535［エリクソン 1987:662］)

ここで、エリクソンは、彼の考える認知心理学と音楽理論の関係を明確に示している。彼によれば、認知心理学による発見は音楽理論にとっての「土台」であり、現実世界とのつながりを保持した音楽理論は認知心理学を基盤として構築されることになる。エリクソンによるこの二つ目の事例は、スロボダの一つ目の事例とは真逆の関係、あるいは相補的な関係になっている。つまり、スロボダが音楽理論を心理学にとっての潜在的な資源とみなしているのに対して、エリクソンは心理学を音楽理論にとっての潜在的な資源とみなしているのである。

三つ目の事例は、ロスナーとマイヤーが担当した第一〇章「旋律過程と音楽の知覚」である。すでに紹介したようにロスナーは心理学者であり、マイヤーは音楽理論家である。次節でも確認するが、二人とも執筆当時はペンシルヴァニア大学に所属していた。彼らが執筆したこの第一〇章は、マイヤーが『音楽を説明する』で提示した「旋律過程」と呼ばれる旋律の構造的特性——たとえば、間隙充填型と呼ばれる旋律過程では、跳躍進行のあと、それによって生じた間隙（gap）を埋めるように順次進行が続く（譜例1）——が聴き手の知覚においても意味をもつかどうかを、心理実験によって確かめるものである。[8] この章の中で心理学と音楽理論の関係が直接的に語られることはないが、ロスナーは、六年後の別の論考で、その関係を三つのカテゴリーに分類している。[9] 一つ目は「音楽理論を説明するものとしての心理学」、二つ目は「音楽理論を評価するものとしての心理実験」、三つ目は「心的構造の典拠となる音楽理論」である。ロスナーは、この論考の中で、マイヤーとの共同研究を二つ目のカテゴリーにあてはまる例として紹介している。

ここで、ロスナーが提示した三つのカテゴリーと、先のスロボダとエリクソンの事例との関係を簡単に整理しておこう。ロスナーが提示した一つ目と二つ目のカテゴリーはいずれも、音楽理論に対して心理学が何かしらの貢献をするというものである。その意味では、これらのカテゴリーとエリクソンの事例は類似しているともいえる。しかしながら、ロスナーの両カテゴリーでは、音楽理論に対して心理学が事後的に説明・評価するのに対して、エリクソンの事例では、心理学は音楽理論の「土台」になるといわれているので、事後的というよりもその前提として存在していると考えられる。そのため、エリクソンの事例とロスナーの二つのカテゴリーは別種のものだと

譜例1　間隙充填型の例

フランチェスコ・ジェミニアーニ「コンチェルト・グロッソ」ホ短調、作品3-3、冒頭

(Rosner and Meyer 1982:323)

いってよいだろう。ロスナーの三つ目のカテゴリーでは、心理学的な理論の構築において音楽理論から資源が提供されるため、スロボダの事例とおおむね同じタイプの関係が論じられている。

四つ目の章は、ドイチュによる第九章「音の高さ関係の処理」である。この章でも心理学と音楽理論の関係は明示的には論じられていないが、音楽理論分野の研究が紹介される箇所が複数ある。ここでは、同時代のアメリカでの理論研究が参考文献として多数挙げられている箇所を読んでみよう。

> 私たちのモデルは、音楽理論家によって推し進められてきた、調性音楽の階層構造についての記述と関連しているだろう。この分野におけるもっとも重要な成果は、ハインリヒ・シェンカーによるものである。彼は、〔ノーム・〕チョムスキー（Chomsky 1963）⑽の言語に関するシステムと似た部分をもった、調性音楽に関する階層システムを提案した。〔中略〕シェンカー流の分析およびそれに関連した理論の構築については、とくにレアダールとジャッケンドフ（一九七七年）、シェンカー（一九五六年、一九七三年）、ナームア（一九七七年）、ザルツァー（一九六二年）、マイヤー（一九七三年〔実際は一九七四年の文献か〕）、イェストン（一九七七年）を参照のこと。
>
> （Deutsch 1982b:291［ドイチュ 1987:360］）

シェンカー（一八六八～一九三五年）は一九二〇年代から三〇年代に独自の音楽理論を構築したオ

ーストリアの人物であり、彼の理論は戦後のアメリカで受容され、楽曲分析のための理論として展開されることになる[11]。フェリックス・ザルツァーはシェンカーの弟子で、ここで言及されている文献ではシェンカーの理論が英語で紹介されている。フレッド・レアダールとレイ・ジャッケンドフは、現在では「調性音楽の生成理論 Generative Theory of Tonal Music, GTTM」と呼ばれる音楽理論で知られ、ここで言及されている論文もその理論と関連するものである（☞第五章）。ユージン・ナームアはマイヤーの教え子の一人であり、ここで挙げられている著作は彼がのちに「暗意実現モデル Implication-Realization Model, IRM」として体系化することになる理論の基礎的なアイディアを記したものである。作曲家でもあるモーリー・イェストンの文献も、シェンカーの理論に関するものである。

ドイチュはなぜ、ここで音楽理論の文献を挙げているのだろうか。もちろん、議論されている内容と関連しているというのが第一の理由ではあるが、ここで音楽理論の研究にも言及することで、読者に対して、心理学上の議論を音楽理論の観点から理解・解釈するための手がかりを与えているとも考えられる。すなわち、ドイチュによる音楽理論の文献への言及は、心理学と音楽理論のあいだに何らかの関係を生み出す第一歩になりうるものであった。

五つ目の章は、心理学者フレスの第六章「リズムとテンポ」である。フレスは、ほかの章とは大きく異なる見解を示している。以下は、第六章の冒頭である。

リズムを研究することは困難な課題である。というのも、正確でかつ一般的に受け入れられるリズムの定義が存在していないからである。この困難は、リズムという言葉が指すものが、複数の変数が溶け合った複雑な実体であることからきている。私たちの目的は、これらの変数を一つ一つ区別するということになる。しかしながら、この本は音楽に関するものであるため、次の点を強調しておく必要がある。それは、音楽理論家たちが、個人的な美的好みを理由に、しばしばリズムの一側面のみを認識しようとしてきたために、この問題が複雑になっている点である。

(Fraisse 1982:149［フレス 1987:182］)

フレスはここで、音楽理論家によるリズム研究を明確に批判している[12]。音楽理論に与する研究をある種敵対視するこのような態度は、心理学と音楽理論のあいだに協力関係をみいだすほかの事例とは大きく異なっている。音楽を対象とする研究分野間の関係について議論したケヴィン・コーシン(Korsyn 2003)を参照するならば、フレスのここでの批判は、音楽理論分野の研究を不当なものとすることによって、フレス自身が属している心理学における研究手法の正当性を担保しようとするものだと解釈することもできる[13]。

ここまで、『音楽の心理学』において示唆されている心理学と音楽理論の関係を列挙してきたが、ここでの目的はそれらを正確に分類することではない。それよりも重要な点は、二つの学問分野間の関係、つまり学際的な関係がさまざまなかたちで想定されていたことである。

3　心理学者と音楽理論家が協働した経緯

第三節では、心理学と音楽理論の学際的な関係について異なる視点から検討してみよう。注目するのは第二節にも登場したロスナーとマイヤーによる共同研究である。彼らの共同研究はどのような経緯でなされ、その中で二人はどのようなやりとりを交わしたのだろうか。ここでは、その経緯ややりとりを細かく辿り直すことで、異なる研究分野に属した彼らの学際的な共同研究の実態を再構成する。

『音楽の心理学』から遡ること七年前の一九七五年、マイヤーは、シカゴ大学からペンシルヴァニア大学へと移籍した。ロスナーは、マイヤーが亡くなった際の追悼記事で当時を振り返っている。

> 一九七〇年代初め、私はペンシルヴァニア大学心理学部の学部長を務めていた。ある日、ジーン・ナームア〔ユージン・ナームアの略称〕が刺激的な知らせをもってきた――レナード・マイヤーをペン〔ペンシルヴァニア大学の略称〕に呼ぶチャンスがあるというのだ。ナームアは私がそのために力を貸せるかどうか尋ねてきたので、彼が話し終わるか終わらないかのうちに「もちろん」と答えた。私は〔それ以前に〕おおいに感嘆して『音楽における情動と意味』を読んでおり、まだ会ったことのなかったその著者がペンにいる未来に心が躍った。
>
> (Rosner 2008:487)

このようにして、マイヤーとロスナーは地理的・物理的に接近することになる。追悼記事は次のように続き、ロスナーとマイヤーが共同で大学院のゼミを開催したことが語られている。

> 彼と私はすぐに会うことになった。私たちは、音楽の心理学に関する大学院ゼミを教えることを即決した。〔中略〕そのゼミは、旋律スキーマ（あるいは原型）の知覚に関する実験をでっち上げるまでに至った。ゼミのメンバーはその実験を適切に行い、レニー〔マイヤーの略称〕と私はその結果を発表した。その後、私たち二人は数年間、このトピックに関して共同研究を続け、このジャーナル〔『音楽知覚』〕に論文を掲載することになった。（Rosner 2008:488）

ここで述べられているゼミのメンバーによる実験の成果が『音楽の心理学』第一〇章であり、『音楽知覚』に掲載された二本目の論文は一九八六年に発表された。

ペンシルヴァニア大学の図書館には、当時のマイヤーに関する資料が残されている。そのうち、ロスナーとのやりとりでもっとも古いものはロスナーがマイヤーに宛てた一九七七年三月一〇日付の書簡である。この書簡から、彼らが受けもった音楽心理学のゼミに関する情報を、間接的にではあるが、知ることができる。

添付したのは、先週のやりとりで挙がった疑問点の要約です。もしこれに賛同してもらえるのならば、よいゼミをするための土台になると思います。ゼミが本当に楽しみです。

(Rosner 1977)

この音楽心理学のゼミが何年に開始されたのかを明確に示す資料がみあたらないため断定はできないが、『音楽の心理学』第一〇章の註(326［401］)に、そこで報告されている心理実験が一九七七年のゼミで考案されたとある。また、一九七八年二月六日付の書簡では、ペンシルヴァニア大学の「人間に関わる研究についての委員会」がロスナーとマイヤーの研究計画「旋律過程の知覚」に対して許可を出した旨が伝えられている。[14] 詳細は不明だが、ロスナーらの研究の一環として行われる心理実験に対して、研究倫理に関わる審査がなされたものと推測される。この書簡から、マイヤーが大学を移籍してから三年目にはすでに、共同研究が具体的に進められていたことがわかる。

一九七九年五月二八日付のロスナーからマイヤーへの書簡では、実験結果に対する統計学的な仮説検定の結果が報告されている。[15] このことから、この時点ですでに『音楽の心理学』に関わる心理実験が完了していたことがわかる。また、同じ書簡の中でロスナーは、同年九月にペンシルヴァニア大学があるフィラデルフィアで面会するまでに論文の執筆を進める旨を伝えており、マイヤーにもそうするよう促している。そのため、『音楽の心理学』第一〇章の原稿は、一九七九年の夏に執筆が進められたと推定される。加えて、その書簡の追伸で、ロスナーが英国での住所をマイヤーに伝えていることにも留意しておきたい。夏期休暇のあいだ、ロスナーはおそらくオックスフォードに居を構えていたのだろう。具体的な年は定かではないが、ロスナーは八〇年代前半にオックスフォード大学にも所属するようになる。そのため、二人の共同研究は、実際に会って意見交換をすることも少なくはなかっただろうが、大西洋を跨いで連絡を取り合うこともしばしばであった。

同じ一九七九年一二月二一日付のマイヤーからロスナーへの書簡（図1）では、マイヤーが、彼にとって未知の領域である心理学分野での論文執筆に際して注意を払っていることも窺える。

一、脚註をかなり付けました。そのうちのいくつかは、私の「観客」——つまり、ドイチュの本を読む心理学者たちがどの程度、音楽理論について知っているのかがわからなかったからです。省略できる部分を略さないでいるのも同じ理由からです——たとえば、「ドミナント」のあとに「V」と書いたように。

二、参考文献を「社会科学」〔手書きで「心理学」と付け加えられている〕のやり方で書けているとよいのですが。〔略〕

(Meyer 1979)

マイヤーのこのような配慮は、基礎的な知識や文献の書誌情報の書き方が研究分野ごとに異なっていることを踏まえたものであり、物理的・地理的なものとは異なるレヴェルでの接近が試みられているといえる。

ロスナーとマイヤーの共同研究に関して、もっとも注目に値する資料の一つは、一九八一〜八二

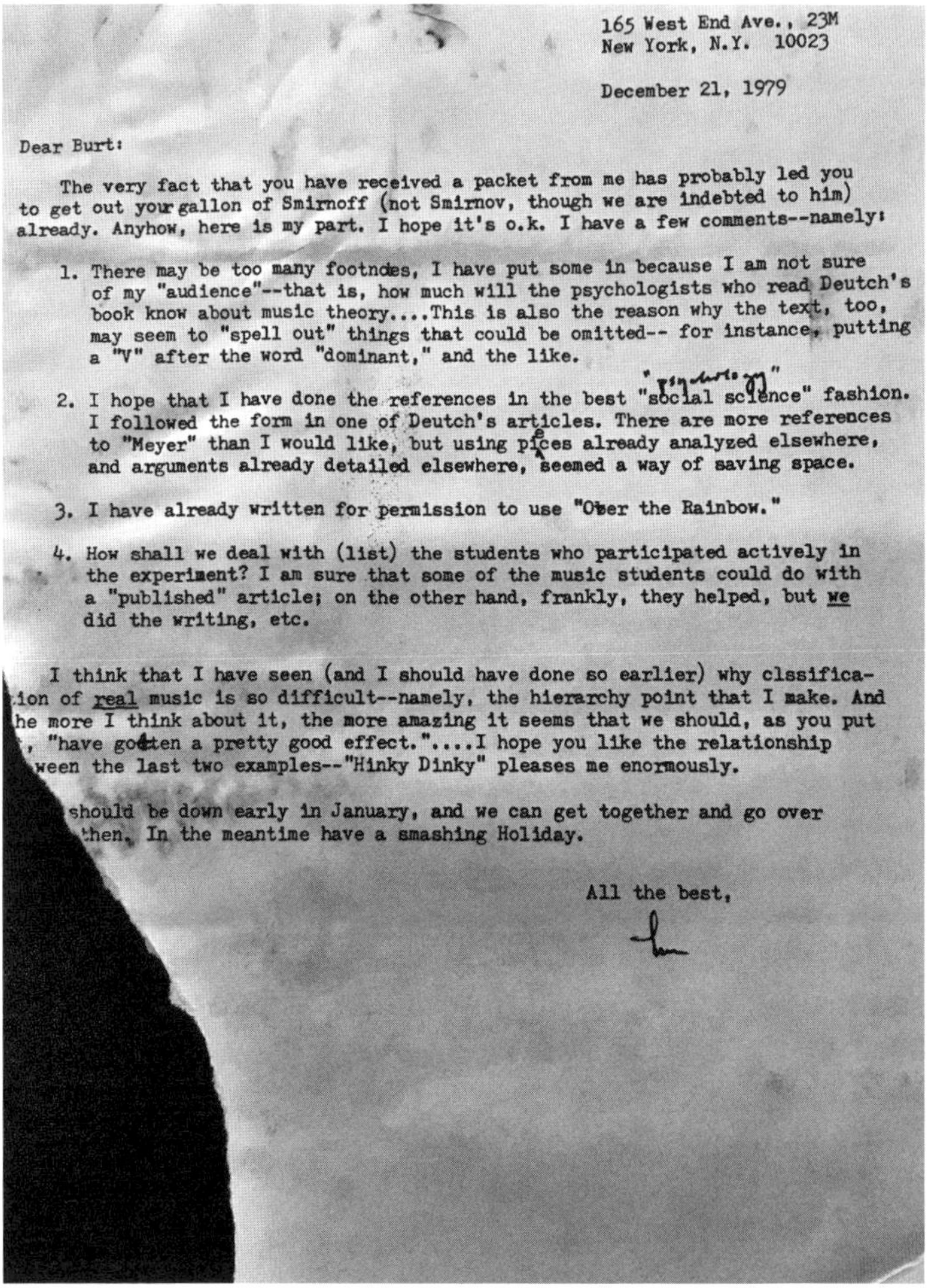

165 West End Ave., 23M
New York, N.Y. 10023

December 21, 1979

Dear Burt:

The very fact that you have received a packet from me has probably led you to get out your gallon of Smirnoff (not Smirnov, though we are indebted to him) already. Anyhow, here is my part. I hope it's o.k. I have a few comments--namely:

1. There may be too many footnotes, I have put some in because I am not sure of my "audience"--that is, how much will the psychologists who read Deutch's book know about music theory....This is also the reason why the text, too, may seem to "spell out" things that could be omitted-- for instance, putting a "V" after the word "dominant," and the like.

2. I hope that I have done the references in the best "social science" fashion. ["psychology"] I followed the form in one of Deutch's articles. There are more references to "Meyer" than I would like, but using pieces already analyzed elsewhere, and arguments already detailed elsewhere, seemed a way of saving space.

3. I have already written for permission to use "Over the Rainbow."

4. How shall we deal with (list) the students who participated actively in the experiment? I am sure that some of the music students could do with a "published" article; on the other hand, frankly, they helped, but we did the writing, etc.

I think that I have seen (and I should have done so earlier) why clssifica-
-ion of real music is so difficult--namely, the hierarchy point that I make. And
he more I think about it, the more amazing it seems that we should, as you put
, "have gotten a pretty good effect."....I hope you like the relationship
ween the last two examples--"Hinky Dinky" pleases me enormously.

should be down early in January, and we can get together and go over
then. In the meantime have a smashing Holiday.

All the best,

図1　マイヤーからロスナーへの書簡（Meyer 1979）

年頃に研究資金獲得のために書かれたと思われる共同研究の企画書「旋律の知覚」である（図2）。この企画は採択され[16]、その資金で一九八六年の論文のための心理実験が実施されたと考えられる。ロスナーとマイヤーのどちらがこの企画書を執筆したかは定かではないが、マイヤーのことを指して「私たちのうちの一人」という表現があることから、連名で提出されたものと推定される。六ページからなるこの企画書の冒頭にあたる二つの段落を読んでみよう。

旋律の知覚に関わる認知的処理は、心理学と音楽理論、双方にとって基礎的な問題を投げかけている。旋律の知覚は、心理学者が長年取り組んできた領域であるパターン知覚の特殊な事例である。音楽理論からすれば、パターンの知覚を研究する必要があり、もっとも重要な——そして、あまり解明されていない——音楽的パターンの一つが旋律パターンである。

〔音楽理論家と心理学者にとって〕共通の関心事であるにもかかわらず、旋律知覚の研究においては比較的わずかな進展しかみられない。音楽理論家たちは形式構造の記述を行ってきたが、心理学者にとってはあまり役に立たないものであった。旋律がAA′形式あるいはAA′B形式であることがわかったとしても、個々の音高や持続をわかりやすくて一貫した過程へと変容させる関係については何もわからないのである。その結果として、旋律知覚の心理学的な研究は、音楽理論や分析とはあまり関係のないものになっている。心理学者たちは、恣意的にあるいはお粗末な旋律分析から導かれた方法で旋律を変化させ、その変化によってどのように知覚が変わるのかを調べてきた。その結

THE PERCEPTION OF MELODY

I. Introduction

The cognitive processes involved in the perception of melody pose fundamental problems for both psychology and music theory. The perception of melody is a special case of pattern perception, a field that has long concerned psychologists. Music theory, for its part, necessarily studies the perception of patterns; and one of the most important kinds of musical pattern—and one of the least-well understood—is that of melody.

Despite this common concern, relatively little progress has occurred in studying the perception of melody. Music theorists have produced descriptions of formal structures, but this has been of little help to the psychologist. For knowing that a melody is in AA' form, or AA'B form, says nothing about the relationships that transform individual pitches and durations into intelligible, coherent processes. As a result, psychological studies of the perception of melody have been more or less unrelated to music theory and analysis. Psychologists have varied melodies in different ways, some arbitrary and others suggested by rudimentary melodic analysis, and have examined how the variations change perception. Although the results often seem interesting, they have thrown little light on the perceptual mechanisms by which we understand and enjoy melodies.

Recently, one of us (Meyer, 1973) has developed a theory of melodic process. The theory attempts to show how melodies generate and then realize implications. In the repertory of tonal music, at least, the relationships that generate implications seem to fall into recognizable classes or types. A suprisingly small number of different classes have been identified in music of the Classic period. These types also occur in other tonal styles from the Baroque on, including popular and folk tunes. A few examples of melodic processes will help at this point. A linear melody moves by scale steps from its initial note up to or down to the tonic. A gap-fill melody begins with a marked skip and then returns in scale steps to its original note or to the tonic. A changing note melody, in contrast, is based on a motion from the tonic to the leading tone and then from the second degree to the tonic.

A very important point emerges from this analysis: As a result of the hierarchic organization of music, a particular melody may exhibit one kind of process on a low level and quite another on a higher level which spans two or more lower-level segments. Therefore, it is wrong to ask, "What process characterizes this melody?" Rather, one must ask, "What process characterizes a particular level of this melody?"

The development of a typology of melodic processes raises an immediate psychological question: do these types identified by music theory affect the listener's perception of melody? We have undertaken studies on this question.

If melodic processes influence the perception of music, naive subjects should be able to learn to give different arbitrary labels to melodies of different types. They should then successfully use those labels with new instances of the different types. We initially examined this very minimal

図 2　ロスナーとマイヤーによる研究計画書「旋律の知覚」冒頭ページ
(“The Perception of Melody”)

果はしばしば興味深いものではあったが、私たちが旋律を理解し楽しんでいる知覚的なメカニズムに関してはほとんど新たな知見をもたらさなかった。

（"The Perception of Melody"）

ここでは、旋律知覚に関するそれまでの心理学的な研究の不備、また音楽理論分野での研究の不備が指摘されており、とくに、これら二つの分野がそれまで互恵的な関係になかったことが強調されている。これを踏まえた上で、この企画書では、マイヤーの音楽理論的な研究に基づく心理実験が計画されており、明言はされないが、彼らの共同研究を、両分野を架橋するものとして位置づけている。あるいは、その共同研究は、分野間にある認識のズレや潜在的な軋轢を是正し、それらの分野を結びつけようとしたある種の「翻訳」であったということもできるかもしれない。そして、その架橋や翻訳といった役割を果たすために取られた方法が、第二節でも確認したように、ロスナーの考えに従えば、音楽理論を心理実験によって評価するという方法であった。

改めて、ロスナーとマイヤーのあいだに、あるいは心理学と音楽理論のあいだに、どのようなレヴェルでの接近があったのかを整理してみよう。第一に、ロスナーとマイヤーが同じ大学に所属することで共同研究への端緒が開かれたという、物理的・地理的なレヴェルでの接近がある。一方で大西洋を跨ぐかたちで研究を進めることができたのは彼らが直接の知人になったという人脈のレヴェルでの接近があったからである。また、たんに知人になるということを超えて、基礎的な知識や書誌情報の書き方が研究分野ごとに異なっていることを踏まえた、慣習のレヴェルでの接近も見逃してはならない。最後に、研究計画書「旋律の知覚」では、研究内容のレヴェルでの学問分野の接近が議論されていた。第二節で確認した二つの学問分野間のさまざまなタイプの関係は、いずれもこの研究内容のレヴェルでの関係であった。

おわりに

心理学史に関する教科書を紐解くと、カール・シュトゥンプ（☞第一章・第三章）のもとで学びゲシュタルト心理学の代表的な研究者となったクルト・コフカやヴォルフガング・ケーラー、またマックス・ヴェルトハイマー（☞第二章・コラム②）が亡命した先の一九二〇年代後半から三〇年代のアメリカにおいて、心理学界では知覚や認知ではなく行動に焦点をあてる行動主義の心理学が全盛であったとされる。(17)そのため、その頃には、聴き手の知覚や情動が心理学的な研究の対象になることは必ずしも多くはなかった。しかしながら、「認知革命」とも呼ばれる研究上の潮流が現れ、人の知覚・認知がある種の情報処理の過程として捉えられるようになると、一九六〇年代末以降、ドイチュなどの心理学者が音楽の知覚を研究対象とするようになったのである。(18)

本章が焦点をあてた『音楽の心理学』は、音楽に関する心理学的な研究が徐々に数を増していった時期に編まれたといえる。その翌年には、ドイチュが編集長となって、音楽心理学の専門的な学術誌の一つ『音楽知覚』が創刊される。また、心理学にも関心を示した田辺尚雄（☞第三章）のあとの戦後の日本には梅本堯夫《たかお》や大串健吾などの音楽心理学者がおり、ドイチュなどからの要請に基づき、一回目の音楽知覚認知国際会議（一九八九年）を京都で開催している。[19] このように、一九八〇年代は、音楽を対象とする心理学研究が、その地歩を着実に固めていった時期であった。

一方、音楽理論の側では、すでに述べたように、一九七七年にアメリカで全国規模の音楽理論学会が発足している。この音楽理論学会は、歴史研究を主とするアメリカ音楽学会から独立するかたちで創設されたものであり、音楽理論が学問分野としての存在感を堅固にした出来事であった。[20]

このように、本章で論じた時代は、音楽心理学と音楽理論がそれぞれ独立した学問分野としての性格を強めていった時期であった。いい換えれば、心理学と音楽理論が専門性を高めた時期でもある（興味深いことに、分析美学と呼ばれる哲学の一領域で音楽が盛んに論じられるようになるのも、同じく一九八〇年代である☞第五章）。本章で検討した学際性は、そのような時代に、学問分野の壁を超えた協働の可能性がいかに模索されていたのかを示すものである。本章は、第一節で『音楽の心理学』の概要を紹介したあと、第二節では、『音楽の心理学』に寄稿した研究者たちの中でも、さまざまなタイプの関係が心理学と音楽理論のあいだに想定されていたことを明らかにした。二つの学問分野が互いに手をとり合うにしても、そのあり方は一通りではない。第三節では、ロスナーとマイヤーによる共同研究の経緯を辿ることで、研究内容のレヴェル以外——地理、人脈、慣習のレヴェル——においても彼らがさまざまなかたちで接近していたことが詳らかになった。いい換えれば、音楽に関する知は、学説のレヴェルに留まらない複数の要因の中で形成されてきたのである。そのような諸要因に迫る際には、エクスターナル・アプローチや科学社会学の知見が有用になるだろう（☞「本書に寄せて」）。

最後に、マイヤーの研究のその後の展開を簡単に紹介しておこう。マイヤーは、一九八八年にペンシルヴァニア大学を退任するまで音楽様式に関する研究を進め、翌年に出版された『様式と音楽——理論・歴史・イデオロギー』の中で、音楽がいかに知覚されるのかにも留意しつつ、音楽様式が変化するメカニズムについて論じた。一方で、後進の育成にも力を注ぎ、ナームアやロバート・ヤーディンゲン、ジャスティン・ロンドンといった彼の教え子が、心理学とも関わる、聴き手の存在を重視した研究を発表している[21]。また、マイヤーは、一九五〇年代後半に、情報理論の考え方を音楽に応用する先駆的な研究を行ったが、それはその後、情報科学という、音楽理論でも心理学でもない学問分野で大きく花開くことになる。近年ではさらに、学問分野の垣根を越えて、音楽理論、心理学、情報科学の知見を駆使するような音楽研究が進んでいるようだ（☞コラム③）。

註

（1）Browne 1979

（2）心理学の専門家であるドイチュに比べるとマイヤーの議論は精彩さを欠いており、心理学的に洗練させる余地はまだまだ残されているが、聴き手の期待が情動と関連しているという考え方は現代においても有効のようである（Juslin and Sloboda 2013）。

（3）たとえば、マイヤーはのちに、「期待」が聴き手によって異なることを踏まえた上で、「暗示・示唆 implication」という語に改めている（Meyer 1967:8）。つまり、彼が取り組もうとする問題が、聴き手がどのような音楽の続きを期待するのかという問題から、ある音楽的な断片がどのような続きを暗示するのかという問題へと変化したのである。問題の重心が心理学から音楽理論へ移ったということもできるかもしれない。

（4）シェパードによる音の高さに関する研究は、レーヴェースによる音質と音高の議論の延長線上にある（☞第一章、Gjerdingen 2002:975）。

（5）ただし、一九九九年と二〇一三年に出版された『音楽の心理学』第二版と第三版は、研究状況などに合わせて章構成や執筆者が大幅に変更されており、ロスナーとマイヤーの章も第二版、第三版には掲載されていない。以下、たんに『音楽の心理学』という場合には、第一版のことを指す。

（6）『音楽の心理学』からの引用は、原文を確認した上で、基本的には邦訳書に依拠した。ただし、人名の表記やいい回しなど、若干の修正を加えている。

（7）この語は、『音楽の心理学』出版の五年前にアメリカで音楽理論学会が発足していたことを考慮すると、音楽に関する理論一般だけでなく、学問分野としての音楽理論をも意味していたと推測される。

（8）ただし、ロスナーとマイヤーの共同研究に対しては、その後、説得的な反論が提出されている（von Hippel

and Huron 2000; von Hippel 2000)。
(9) Rosner 1988
(10) ドイチュによる文献表には当該文献の記載がなく、具体的にどの文献を指しているのかが定かではない。
(11) 西田 2018
(12) 具体的な文献が示されていないので、フレスが誰のどの研究を批判しているのかは定かでないが、出版年代や著作の影響力などを考慮するとクーパーとマイヤーの『音楽のリズム構造』も批判対象であった可能性は高い。
(13) このような姿勢には、第一章でみたリーマンの態度とも通じる部分がある。
(14) Ogg 1978
(15) Rosner 1979
(16) Steller 1982
(17) 大芦 2016
(18) Gjerdingen 2002
(19) 大串 2011
(20) ちなみに、マイヤーは当初、音楽理論学会の独立に反対していた(Browne 1979)。
(21) 彼らはときに「ペン」学派と呼ばれる(Gjerdingen 2002:976)。

Column - 3

コラム③　音楽の心理学と情報科学

森本智志

音楽は知覚現象であり、知覚心理学の一対象としてさまざまな研究が積み重ねられてきた（第四章）。こうした取り組みの背景には計算機技術の発展の寄与が大きい。一方で、自動作曲や楽曲推薦など、音楽を対象とした情報科学的な研究も同時に発展してきており、これらもまた音楽を理解する上で重要な知見を与えてくれる。たとえば第五章で触れるＧＴＴＭは、楽曲を生成文法という階層的文法構造として解釈する理論であり、情報科学的な構造分析の一種といえる。本コラムではこうした情報科学と音楽の結びつきについて簡単に紹介したい。

試しに、メロディーが与えられたとき、ある音に対して次にどの音が来るか、という確率的な規則性を考えてみよう。ハ長調の「シ」が与えられたなら、次は主音の「ド」になることが多いだろう。すなわち、「シ→ド」と「シ→ド以外」への連鎖を比べると後者のほうが珍しく、そのメロディーを特徴づける情報量は大きいと考えられる。このように楽曲をその統計的性質に基づいてモデル化することで、音楽と情報を結びつけることができる。一九五七年に世界で初めてコンピュータで作曲された楽曲「イリアック組曲」も、上述のような時系列連鎖的な規則（マルコフ連鎖）によって構成されている。マルコフ連鎖を支配する（隠れた）上位階層として調をモデル化した隠れマルコフモデルは、楽音から調を自動推定するのに有用である（Temperley 2007）。たとえばGoogleによって発表された自動作曲AIであるmusic transformer（Huang et al. 2018）なども、楽曲データの音の出現頻度を利用して学習する面で根本は同じである。

ここでメロディーの規則性の例を、知覚の視点から捉え直そう。ハ長調のメロディーを聴いているときに「シ」が現れたなら、音階の次の音である「ド」に進みそうだと感じるだろう。第四章で紹介されている（音楽的）期待である。音楽的期待はクラムハンスルらの開発したプローブ音法と呼ばれる実験法（Krumhansl and Shepard 1979）やその発展版に基づいて調べられてきた。プローブ音法とは、実験参加者に対して音列とプローブ音と呼ばれる音を順に呈示し、先行する音列に対して後続プローブ音の主観的なあてはまりのよさ（適合度）を参加者に回答してもらう実験である。たとえば、長音階に対する適合度のパターンと長音階の楽曲データベース中の音階の出現頻度のパターンは類似していることが知られている。これは私たちが日常的に調性音楽に触れ続けた結果、その音楽の確率的な構造を統計学習したとすれば説明がつく。古典的な調性音楽知覚モデルでは、音楽聴取によって階層関係にある単音、和音、調が相互に想起されるが（Bharucha 1987）、脳内ネットワークを模した自己組織化する能力をもつニューラルネットワークに調性音楽データを統計学習させた場合でも、この仮説を支持するようなパターンが形成されることがわかっている（Matsunaga et al. 2015）。これらの知見から、音楽のもつ統計的な情報が音楽的期待という主観量と密接に関係すると考えられる。

音楽的期待と音楽聴取のもつ魅力の関係はどうなっているのだろうか。何の規則性もなく予測がつかない音を音楽と思わない人もいるだろう。逆に、すべての音列が予測しやすい場合もまた、面白みに欠けそうである。現在もっとも支持されている音楽の予測的知覚モデルの一つである、（可変次数に拡張された）マルコフ連鎖に基づくInformation Dynamics of Music（IDyOM）は、予測しにくさ（情報量）と不確かさ（エントロピーに相当）という二つの指標を算出できる（Pearce 2018）。楽曲の選好とこれらの指標の関係を調べた研究によれば、二つの指標の相互作用のバランスがとれた楽曲を選好する傾向が得られた（Gold et al. 2019）。簡易にいえば、予測しやすいが驚きもあるような楽曲が好まれることを示している。音楽聴取時には脳内の報酬系と呼ばれる学習に関連する部位が活動するが、音楽の魅力は学習に対して報酬を与えるという私たちの脳にもともと備わる機能によって生じているのかもしれない。

改めて、ハ長調の「シ」が与えられたとき「ド」を期待しやすい、というメロディーの規則性の例に立ち返ろう。ハ長調の、という何気ない仮定を置いていることに注意したい。調という概念は、物理的な性質ではなく音楽理論上の解釈（あるいは作者の意図）である。つまり、ハ長調の音階を実験参加者に呈示したとして、その音を実験参加者が「ハ長調」として（意識的か無意識的かにかかわらず）聴き、それに基づいて回答したという保証はない。

この問題をめぐる議論を端的に表した例として、音楽知覚心理学会の論文誌上における論争を紹介する。調認知に関する実験的研究の意義そのものを疑問視する批判に対し、当該研究の著者は以下のように反論している。

〔音楽理論は〕歴史的に成立してきたものであるが、その成立には、音楽に対する人間の知覚特性や美的感受性などが本質的に関わってきたはずである。（吉野 1999:109）

音楽理論を前提とした心理研究を是とする立場は、このような根拠に帰着するだろう。実際、ここまで例示してきたすべての研究において「調性」の存在が仮定されているが、それらの中に矛盾はない。しかし、調性音楽理論で説明できるのはごく一部の音刺激のみであり、それを前提とした実験によって導かれる結果が予想の範囲にあることを示しても、知見としての広がりはもちえないのではないだろうか。

ここで再び情報に着目しよう。経験則から成立した調性音楽理論に対し、情報を数学的に扱う情報理論は数学的な基盤を提供できる。長三和音の短い連鎖組み合わせにおける音楽的期待を扱った研究（Morimoto et al. 2016）では、期待の回答の統計分析結果を満たす数学的に妥当な計算（脳内の情報処理）モデル候補を複数つくってあてはまり具合を比較することで、隠れマルコフモデルに類似した期待のモデルを導出している。興味深いことに、音楽理論上は調を一意に決定できない二、三連鎖の和音列から計算モデルを推定したにもかかわらず、調を仮定したクラムハンスルらの心理実験と類似する適合度パターン（Krumhansl and Kessler 1982）を再現した。このことは、心理実験と情報科学的分析を論理的に組み合わせることで、従来の音楽理論を実験的に再現・拡張できる可能性を示唆しているといえよう。

このコラムでは、情報という視点を通じて音楽を捉えることの意義を、簡単な事例に基づいて紹介してきた。最後に展望として、近年注目されている自由エネルギー原理（free energy principle, FEP）という脳の理論的枠組み（Friston 2010）について紹介したい。FEPでは私たちの脳を予測器として捉え、予測的符号化（predictive coding）と能動的推論（active inference）という二つのしくみで一般化する。予測的符号化とは感覚入力と予測のあいだに誤差が生じたときに、その誤差を使って予測モデルを修正するプロセスである。一方で能動的推論は、予測モデルを積極的に行動によって確認するプロセスである。音楽もこうした知覚の理論的枠組みのもとで捉え直すことで、何が音楽として感じられるのか、という根源的な問いかけについて答えを示すことができるかもしれない。

第五章　聴くことと知ることはどのように関係しているのか

分析美学からみた音楽と心

田邉健太郎

はじめに

好きな音楽を聴く。その喜びを人と共有したくて言葉にする。音楽について書かれたものを読んで、自分が謎に感じていたことに答えが与えられたように思い、嬉しくなる。専門用語を用いた音楽書から学ぶこともあるが、専門的な用語をことさら用いずに、読み手を新たな聴き方へと導く批評も多く存在する(1)。そして、同じように聴いている人がいたことを知り、嬉しくなる。音楽は言葉やコミュニケーションを招き、再び聴くことへと戻っていく。また、批評や音楽理論の本を読むことで、私たちは音楽について「知る」ことができる。知識は知識に留まることなく、聴くことにもたしかに影響を与えているはずだ。それまで注意していなかった箇所に意識を向けたり、格別注意せずとも聴き終えたあとの印象が変化したと感じたりすることもあるだろう。本章が論じるのは、こうした光景のうちに潜むさまざまな哲学的問題である。

主たる手がかりとするのは、一九八〇年代以降に展開された分析哲学の議論である。八〇年代は、ロジャー・スクルートン、ピーター・キヴィ、ケンドール・ウォルトン、マルコム・バッド、ジェロルド・レヴィンソンなど、分析哲学の中でも美学（分析美学）を主たる研究領域とした人々が音楽を盛んに論じ始めた時期にあたる。また、ダイアナ・ドイチュが編集した『音楽の心理学』（一九八二年☞第四章）や、フレッド・レアダールとジャッケンドフによる『調性音楽の生成理論』（一九八三年、GTTMと呼ばれる）が出版され、音楽の心理学や認知科学の記念碑的著作が登場した時期でもある。[2] とくに、調性音楽を学んでいない聴き手が、どのように音楽構造を音の連なりから組み立てているかを、言語学のモデルを参照して説明したGTTMは、哲学者に大きな影響を与えた。

本書のこれまでの章は、音楽学や心理学内部の研究やその関係に目を向けてきたが、本章では、音楽学でも心理学でもなく、哲学の一派（分析哲学）における一領域（分析美学）からのアプローチを紹介する。本章を通して、音楽理論や音楽美学に関するトピックが哲学など他分野からも取り組まれていること、その際に心理学や認知科学の知見（☞総説）が積極的に参照されていることがわかるだろう。そこから、音楽に関する昨今の心理学的研究の広がりと多層性がみてとれるはずだ。

分析美学における音楽論が論じたさまざま主題の中でも、心理学との関わりを掘り下げる本書にとってもっとも関わりが深いのは、感情に関する議論であろう。なぜ私たちは「悲しい」「嬉しい」といった感情にまつわる言葉を用いて、音楽を記述するのだろうか。音楽を聴いて悲しくなったり、嬉しくなったりするからだろうか。それとも、音楽それ自体が、「悲しい」や「嬉しい」と表現したくなるような質をもっているからだろうか。こうした問題を論じる上で、エドゥアルト・ハンスリックやエドマンド・ガーニー、クライブ・ベル、キャロル・プラットなど、過去の（おもに英語圏の）音楽美学や心理学の議論が参照されてきた。[3] 近年では最新の心理学など経験科学の知見を用いたアプローチが非常に多くなってきている。[4]

こうした心理学や認知科学の成果を積極的にとり入れる姿勢は、美学のメインストリームではなく、「心の哲学」を駆使した論者の研究から現れた（☞コラム④）。心の哲学とは、物質である身体と心がどのように関わり合うのかといった「心身問題」をはじめとして、知覚、意志、感情など、心理に関する問題を、心理学の成果を積極的に参照しながら、哲学の観点から論じる学問である。

感情に関する多くの研究が登場したのに比べて、認知にまつわる研究は、分析美学の音楽論ではごく少数に留まっていた。しかし近年では、研究数は少ないものの、「言葉にすることの難しさ」をGTTMを用いて認知科学的に解明しようとした研究、[5] レナード・マイヤーの「期待 expectation」（☞第四章）をとり上げて心のしくみに迫った研究、[6] ユージン・ナームアやデイヴィッド・ヒューロンなどの「期待」の理論を通じて、「期待」それ自体を詳しく論じた研究[7]など、哲学の問題を音楽の観点から論じようとする哲学者も増えてきている。

その先駆的な存在の一人といえるのが、本章でとり上げるマーク・デベリスである。デベリスが一貫して問題にしているのが、思考と知覚の関係性である。ものをみたり、言語を理解したりといった心のしくみ全般の中に音楽聴取を位置づけることで、デベリスは音楽認知に関する分析哲学的アプローチを切り開いたといえるだろう(8)。

あらかじめ簡潔に本章の構成を概観しよう。第一節と第二節では、デベリスの議論を再構成しながら、思考と知覚の関わりをさまざまな角度から論じていく。これらの節では、相対的音高の知覚といった基礎的な音楽能力を事例として、音楽聴取における心理的なしくみを哲学の観点から考える。第三節では、知覚と思考の関わりを、より具体的な音楽の事例をもとに分析する。ここでは、哲学者ルートヴィヒ・ウィトゲンシュタインより着想を得た「として聴く hearing as」という考え方を手がかりとする。第四節は、音楽の理論的説明それ自体の特徴を論じる。なお、本章では、知覚、解釈、推論、思考、認知、記憶、想像、感情など、心理に関する概念の関係性を解明することを目的の一つとしている。また、日常生活の中で使用される「音楽を聴く」を意味する言葉としては「音楽聴取」を用いる。音楽を聴くことは、知覚のみならず、想像すること、過去に聴いたものの記憶などを含むかもしれないが、そうしたことをすべて含めて「音楽聴取」と表記する。

1　心の哲学を用いた音楽聴取の分析

調性音楽の専門的訓練を積んだ人と、そうでない人との聴取の違いには、多くの謎が潜んでいる。たとえば、「終わった感じがする」と語る聴き手と、音楽を学び、同じ箇所を「終止形で終わっている」と語る聴き手は、同じものを聴いているが違う表現をしているのだろうか。それとも知覚しているものが異なっているのだろうか。また、音楽学者のマイヤーは「バッハのフーガ、あるいはブラームスのソナタを理解し、楽しむことは、終止形や対位法的処理、経過のパッセージなどについて知る（概念化する）ことを必要としない」（Meyer 1973:16）と述べているが、音楽の理解にとって知識は不要なのだろうか。[9]

本節では、「心の哲学」と呼ばれる領域の枠組みを用いて、そもそも音楽を聴くとはどういう心的状態であるのかについて分析を試みたデベリスの議論を再構成する。とくに、知識をもつ人とそうでない人の違いに焦点をあてて、詳しく分析したい。[10]

オアシスがみえていたが、近づくと砂漠であることがわかったという錯覚の事例がある。このとき、先ほどみえていた「オアシス」とは、いったい何をみていたのだろうか。この例にみられるように、知覚には多くの謎が存在していて、それを十全に説明しようと心の哲学は、知覚についてさまざまな立場を提起している。その中でもデベリスは、「知覚の表象説」と呼ばれるものを採用する。この立場では、知覚は世界が特定のあり方をしているものとして表象しており、「表象内容」が形成されると考える。[11]たとえば、連続する六つの音を、二音ずつの三つの塊として聴くグルーピングは、聴き手の感覚について表象しているのではなく、音楽のあり方を表象していると表象説は考えるのである。

そして、知覚の結果として「信念」が形成される。窓の外に海がみえたとき、「窓の外に海がある」と判断し、海をみた人は「窓の外に海がある」という信念を形成する。同様に、縁側から風鈴の音が聴こえた人は、「縁側で風鈴が鳴っている」という信念を形成する。これに対して音楽聴取の場合、音源や演奏者の位置についての信念が形成されることもあるが、曲の構造や表現的特徴、音色など音楽固有の特徴に関する信念、たとえば、「ここは属和音から主和音に移行している」「悲しげなメロディーが聴こえる」といった信念も形成されるだろう。

ところで、音楽に関する信念は、楽曲の知覚によってのみ形成されるのではない。人から「ここは属和音から主和音に移行している」と説明されたり、楽譜に書き込まれた記号を読んだりすることで、直接曲を聴くことなしにそうした信念を形成することも可能だろう。つまり、「ここは属和音から主和音に移行している」という信念は、知覚によっても、思考によっても形成される。デベリスが問題にするのは、こうした「知覚」と「思考」の関係性である。

ここでもち出されるのが、音高に関する心理学の知見だ。音の高さを表記するとき、「絶対的音高」と「相対的音高」が区別される。「絶対的音高」とは音の基本周波数に対応した音高であり、「相対的音高」とは音階の枠に従って解釈した相対的な高さを表す。そして心理学が示すところでは、音楽的訓練の有無を問わず、ほとんどの聴き手は相対的音高を区別する能力をもっているため、たとえ移調されているとしても、同じ曲として認識できるとされている。[12] このことをデベリスは、知識の有無にかかわらず、聴き手は音度（scale degree, たとえば「ハ長調の$\hat{1}$」[13]すなわちハ音／英語ではc）を表象している、と表現する。

いかなる聴き手も知識なしに相対的音高によって曲を表象している一方で、その曲を音度によって表記するには、訓練を積む必要がある。以下の場合を考えよう。

（一）「この音はハ長調の$\hat{1}$である」という文の意味を理解していない。

（二）「この音はハ長調の$\hat{1}$である」という文の意味を理解しているが、今聴いている音が「ハ長調の$\hat{1}$」であるかどうかわからず、「この音はハ長調の$\hat{1}$である」という信念は形成されない。

（三）「この音はハ長調の$\hat{1}$である」という文の意味を理解しており、「この音はハ長調の$\hat{1}$である」という信念が形成される。

（一）は音楽を学習したことがない人、（二）は音楽を学び始めた人、（三）は専門的に音楽を学んでいる人を想定している。前述のとおり、心理学の知見を考慮に入れるならば、（一）から（三）に該当する聴き手は、デベリスによると、知覚においては「ハ長調の$\hat{1}$」を表象している。だが、「この音はハ長調の$\hat{1}$である」という文の意味は学習しなければ理解できないし、ある程度耳の訓練を積まなければ、今聴いている音が「ハ長調の$\hat{1}$」であるかどうか判断できないだろう。（二）の聴き手にとって、「今の音はハ長調の$\hat{1}$だよ」と教えられることは新たな情報をもたらすが、（三）の聴き手は新しい情報をなんら付け加えないだろう。

ここで考えたいのは、(二)と(三)の違いである。両者はいったい何が違っているのだろうか。(三)の人にはいかなる能力があるのだろうか。

ここで、デベリスは哲学者のゴットロープ・フレーゲに由来する「与えられ方 mode of presentation」という考え方を導入している。「明けの明星」と「宵の明星」という言葉は、ともに金星を指している。だが、「明けの明星」が明け方にみえる金星を描写するのに対して、「宵の明星」は夕暮れ時にみられる金星を描写している。「明けの明星」しか金星を指す言葉を知らない場合、「明けの明星が出ている」は信じているが、「宵の明星が出ている」に対しては疑いをもつという状況が想定できるだろう。同一のものを指示しているのに、こうした違いが生じることを、デベリスは「与えられ方」が異なっているとして説明している。

この事例と同様に、ある音がもっている「ハ長調の$\hat{1}$であること」という性質には、「知覚的な与えられ方」と「概念的な与えられ方」という二つの与えられ方が存在している。ほとんどの聴き手は、知覚において、「ハ長調の$\hat{1}$であること」を表象している。だが、訓練を積んだ人しか、「ハ長調の$\hat{1}$であること」という信念を形成できない。これは、「ハ長調の$\hat{1}$であること」という性質は、ほとんどの人に知覚的に与えられるが、それが「ハ長調の$\hat{1}$であること」という概念と一致するためには、音楽的な訓練が必要となることを意味している。

この事態をより詳しく説明するため、デベリスは「モリヌークス問題」を手がかりとして、以下のように説明している。[14] 一七世紀、ウィリアム・モリヌークスはジョン・ロックに宛てて次のような問いを提起した——「生まれつきの盲人が成人となり、立方体と球を触覚によって区別することができるようになったとして、この盲人の目が見えるようになった場合、彼はそれらに触れる前に、視覚によって立方体と球を区別することができるか」（山口 2020:102）。この問いは多くの哲学者の思考を駆動してきたが、デベリスはギャレス・エヴァンズに倣い、次のように問題を解釈する。[15] 問われているのは、視覚と触覚それぞれから得られた情報が同一のものと判断できるかどうかであり、そうした判断を司るのが「統合する概念的能力 unitary conceptual ability」である。この見解を音楽聴取に適用するならば、（三）の聴き手は、知覚によって把握される性質と、概念的に把握される性質を統合する概念的能力をもっているため、「この音はハ長調のî である」という信念が形成されるのである。

2　音楽知覚は理論負荷的か

ある曲についての分析や批評を読むことによって、私たちの音楽聴取経験に変化が生じることは少なくない。ではこのとき、知覚それ自体が変化しているのだろうか。それとも知覚は変化せず、たとえば解釈や推論といったそれ以外の脳内処理において、分析や批評から獲得した知識が作用しているのだろうか。

前節では、概念などの思考に関わる要素と知覚の関係について、心の哲学の枠組みを使って分析した。本節では、知識が知覚に関係する場面について、より微視的に分析したい。そのためにとり上げるのは、ポール・チャーチランドとジェリー・フォーダーによって一九八〇年代に交わされた「知覚の理論負荷性」をめぐる論争である。(16)

まず両者の議論を簡潔にまとめよう。チャーチランドは、あらゆる知覚が「理論負荷的 theory-laden」であり、「可塑性 plasticity」を有している、つまり新たな概念の枠組みを得ることによって知覚の内容が変化しうるとした。チャーチランドは自説を支持するために、訓練を積んだ聴き手の事例を挙げて、次のように述べている。

〔音楽的訓練を積んだ聴き手は、〕訓練を積んでいない耳には現れてはこない構造や、展開や、根拠を知覚している。〔中略〕「耳」が「訓練」されて、驚くべき、通常とは異なる知覚能力を保持するに至ることは誰もが知っていることだ。だが、この訓練された音楽知覚の事例は、理論によって変形させられた知覚一般の直接的な存在証明である。(Churchland 1988:179)

これに対して「知覚のモジュール性」を提起し、概念の枠組みから知覚は独立している(「知覚の理論中立性 theory-neutrality」)と主張したのがフォーダーである。心は「入力システム」と「中央システム」という別個のシステムを含む。入力システムとは「知覚システム+言語」であり、ここからの出力が中央システムへと至り、概念や推論のような思考に関わる処理が行われる。つまり、知覚は一挙に行われるのではなく、階層性をもっていることになる。モジュールとは心を構成する特定の機能に特化した単位であるが、フォーダーは基本的に、入力システムをモジュールとして想定していた。

入力システムはさまざまな特徴を備えているが、本節と強く関連するのが「情報遮蔽性 information encapsulation」および「浅い段階での出力 shallow output」と呼ばれる特徴である。有名なミュラー・リヤー錯視（図1）を考えよう。この図をみるとき、たとえ二つの線の長さが同一であると知っていても、二つの長さは異なってみえる。これは、知覚システムが、「二つの線の長さが同一である」という知識から遮蔽されていることに起因するとフォーダーは主張する。つまり、中央システムは、知覚システムに影響を与えることができないのだ。また、「浅い段階の処理」とは、知覚における処理が階層的に行われており、その表層の段階で行われる処理であることを意味している。

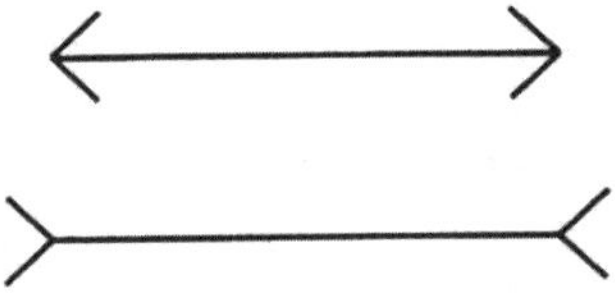
図1　ミュラー・リヤー錯視図
(DeBellis 1995:86)

音楽を学ぶことで、聴けるものが増えるように感じるだろう。このことはいかに説明できるだろうか。チャーチランドは、学習や訓練によって知覚内容それ自体が変化すると述べていた。これに対して、フォーダーに従えば、音楽についての訓練・学習は、知覚システムに対しては影響を与えない。したがって、知覚システムでの処理は変わらず、そのあとの中央システムで行われる推論などにおいて、訓練が効果を与えていることになる。たとえば、学習する以前に知覚していたものに音度、和声などの名称を与えることが可能になっただけということになる。

デベリスはチャーチランドを支持しており、知覚システムでの処理自体が、つまり知覚内容それ自体が、学習や訓練によって変化すると主張する。そのために、フォーダーの議論を再構成した上で、以下のように論じている。

デベリスは「知覚的仮説 perceptual hypothesis」と、「知覚的信念 perceptual belief」を区別する。「知覚的仮説」とは、知覚システムでの処理がなされたすぐあとに出力される情報である。まず、知覚的仮説は知覚する人の意識に表れるという特徴をもっている。したがって、私たちがそれについて記述をすることも可能である。そして、知覚的仮説は、行動を決定したり、推論を行ったりする上で重要な役割を果たす。たとえば、目の前のイルカをみて、もっと近くでみようとボートをイルカに近づける。このとき、イルカの姿は意識の中に現れており、みている人は「近づく」行動をとることを決定している。

これに対して、「知覚的信念」とは中央システムで処理された結果出力される情報である。それは、知覚に基づいて形成されるものの、あらかじめ所有しているほかの信念との整合性が吟味されたのちに、確かなものとして受け入れられる。たとえば、目の前にイルカがみえるが、今いる場所は鴨川だと信じているときには、「目の前にイルカがいる」という知覚的信念は棄却される。このように、「知覚」には、言語になる前の行動に結びついたり、意識に現れたりする水準[17]（知覚的仮説）と、言語のかたちで「信念」へと結びつく水準（知覚的信念）がある。この二つを区別することで、どこまでが「知覚システムのはたらき」とみなせるかをデベリスは確定しようとしているのだ。

デベリスは、チャーチランドのこの説を支持するために、先ほどの「音楽的訓練」の事例を挙げる。私たちは、音楽的訓練によって、音度や和音、構造についての知識を得て、それらを実際に識別できるようになる。そのことによって、たとえば「これは属音である」と聴いているものを判断できるようにもなるだろう。これは、知覚的仮説の水準で変化が生じた結果だろうか。それとも知覚的信念の水準において変化が生じた結果だろうか。

デベリスは、知覚的仮説の水準の変化だと主張している。音度を識別できるようになって、音高関係におけるその音の役割を知り、それに伴う演奏が変化したり、その音に対してとくに意識的になったりするだろう。したがって、音楽的訓練は、中央システムにおける機能に影響するというよりは、新たな知覚能力の発達であり、知覚の理論負荷性を示す事例なのである(18)。

3　ウィトゲンシュタインと「として聴く」

これまでの節では、音楽聴取の基礎的な事例をとり上げながら、心のしくみの解明を論じてきた。本節では、実際の楽曲を聴く場面を念頭に置きながら、思考と知覚がいかに関係するのかを明らかにしたい。デベリスは具体的な楽曲を用いた議論を行っていないため、ここではルートヴィヒ・ウィトゲンシュタインが最初に導入した「として見る seeing as」という考えを手がかりに議論を進めていくことにしよう。

ゴットロープ・フレーゲやバートランド・ラッセルと並んで、初期の分析哲学を代表する人物であるウィトゲンシュタインは、『哲学探究』(一九五三年初版)など後期の著作において、「として見る」という考えを提案した。[19]『哲学探究』において、この特殊な種類の「見る」を次のように詳述している。

> 次の図〔図2〕は、〔ジョゼフ・〕ジャストローの書物から借りてきたものだが、以下の考察でこれをウサギ―アヒルの頭と呼ぶことにする。これはウサギの頭として見ることもできるし、アヒルの頭として見ることもできる。
>
> (ウィトゲンシュタイン 2020:404)
>
> 「……として見ること」は知覚には属さない。それゆえ、それは見ることのようでもあり、また見ることのようでもないのだ。
>
> (ウィトゲンシュタイン 2020:410)

描かれている線に変化はないにもかかわらず、あるときにはウサギの頭として、またあるときにはアヒルの頭として見る。「見ることのようでもあり、また見ることのようでもない」と描写される

「として見る」は、「半ば視覚経験であり、半ば思考であるように思われる」（ウィトゲンシュタイン 2020:411）とも述べられている。そして、「ウサギの頭」あるいは「アヒルの頭」のように、「として」見られる対象は「アスペクト（見方・見え方）」と呼ばれる。

「として見る」と類似した経験は、音楽を聴く経験においても、いや音楽を聴く経験においてこそ顕著に現れるのではないだろうか。「今のパッセージを、先に出てきた動機を変形したものとして聴いてごらん」と他者に聴き方を示唆したり、あるいは「今のパッセージを三拍子として聴く」と複数の可能性の中から選択したりするとき、聴き手は「半ば聴覚経験であり、半ば思考である」と呼べるような経験をしていると思われる。本節では、ブライアン・パークハーストとウィリアム・ライカンの近年の議論に基づいて、「として聴く」に該当する経験を整理していきたい（Parkhurst 2017; Lycan 2020）。

ウィトゲンシュタインは「として見る」をさまざまな観点から分類しているが、本章は「〈純粋に視覚的な〉アスペクト」（ウィトゲンシュタイン 1988:173）に注目して、音楽聴取への適用を検討したい[20]。

図2　ジャストローのウサギ＝アヒル図
（ウィトゲンシュタイン 2020:404）

「〈純粋に視覚的な〉アスペクト」の事例として挙げられているのは「二重十字図形」（図3）である。この図形は、「黒地に白十字」として見ることも、「白地に黒十字」として見ることも可能である。

「ウサギ–アヒル図形」のアスペクトと「二重十字図形」のそれを比較したとき、大きな違いが存在する。「ウサギ–アヒル図形」は、「あの二つの動物の形を知っている人だけが、ウサギとアヒルのアスペクトを見る」（ウィトゲンシュタイン 2020:431）のに対して、二重十字図形のアスペクトはそれぞれの十字を交互に直接指さすだけで、そのアスペクトに気づき、そのようなものとして見ることが可能となる。

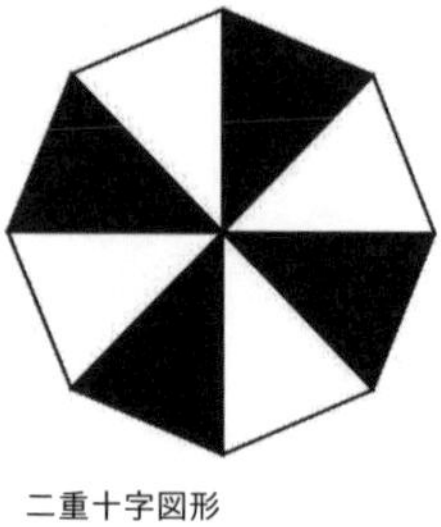

図３　二重十字図形
（ウィトゲンシュタイン 2020:430）

　では、音楽における「〈純粋に聴覚的な〉アスペクト」とはどのようなものだろうか。

　パークハーストが挙げる事例は、ルートヴィヒ・ヴァン・ベートーヴェンの「月光」第二楽章における「拍節的に曖昧な箇所」の知覚である。[21] **譜例1**をみていただきたい。パークハーストは次のような解釈を示している。

> アスペクト１では、奇数小節が高次拍子のパルス〔拍〕を担っており、この楽章の最初の四分音符は、拍節的アクセントをもつ第一小節のアウフタクトとして働いている。アスペクト２では、偶数小節が高次拍子のパルスを担っており、冒頭の四分音符–二分音符–四分音符の塊が、第二小節全体の拡張されたアウフタクトとして機能している。[22]
>
> （Parkhurst 2017:262）

アスペクト1とアスペクト2は、「高次拍子 hypermeter」が何を意味しているか知らずとも、手を打ったり、「ここだよ」と直接指摘されることで経験できるアスペクトである。複数の可能性に開かれており、専門用語や図の介在なしに経験することが可能である点で、この事例は「〈純粋に聴覚的な〉アスペクト」と呼びうるものだ。

この事例からわかるように、「として聴く」が導入される場面の一例は、複数の解釈に開かれている箇所（「曖昧性」「多義性」を有する箇所）と密接に関わる。多義性を示す別の事例として、転調時の「ピボット・コード pivot chord」を考えよう。[23] ピボット・コードとは、二つの調に共通する和音を意味しており、それを用いることで転調をスムーズに行えるようになる。たとえば、譜例2に示されたヴォルフガ

譜例1　ベートーヴェン「ピアノ・ソナタ第14番」第2楽章

(Parkhurst 2017:263)

ング・アマデウス・モーツァルトの「ピアノ・ソナタ第六番　ニ長調」第三楽章では、第五小節後半の和音を「ニ長調のVI度の和音」として、あるいは後続する「イ長調のII度の和音」として聴くことができる。

ここで、「時間」の問題に触れたい。「ウサギ―アヒル図形」の事例で、それまでウサギとして見ていたものが、アヒルとして突如見えるようになることを、ウィトゲンシュタインは「アスペクトのひらめき」と表現していた。では、これまで紹介してきた音楽を聴くときのアスペクトのひらめきは、いったいいつ生じるのだろうか。

この点で、視覚を例に採った「として見る」と、聴覚を例とした「として聴く」には違いをみいだすことができるように思われる。先ほどのモーツァルトの事例において、聴き手は「この和音をニ長調のVI度の和音として聴く」ことから、「この和音をイ

譜例２　モーツァルト「ピアノ・ソナタ第６番」第３楽章

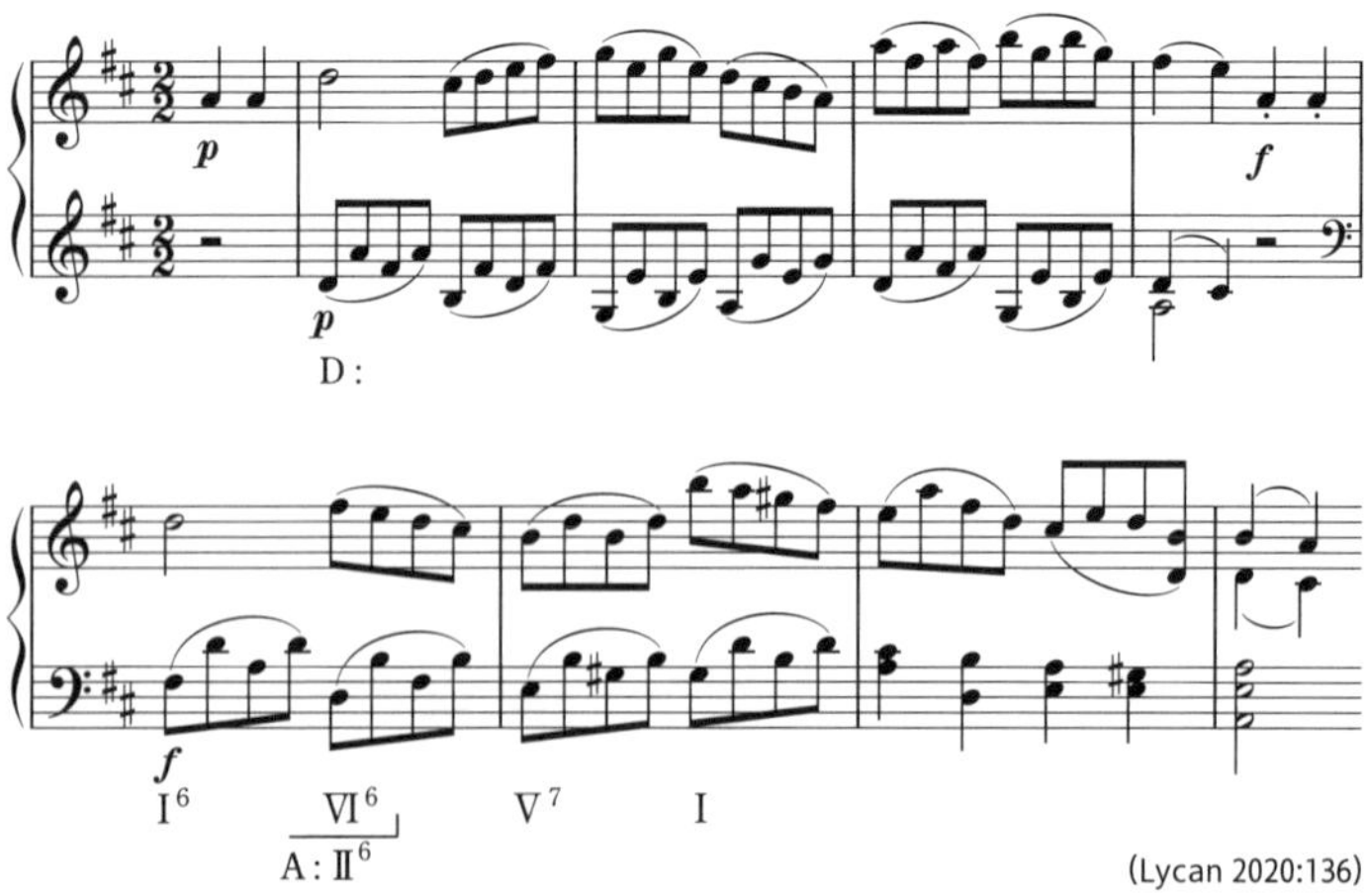

(Lycan 2020:136)

長調のII度の和音として聴く」への変化を経験する。だがライカンは、「いつピボット・コードがアスペクトのひらめきを生じさせるかと尋ねるのはトリッキーだ」(Lycan 2020:137) と「アスペクトのひらめき」という考え方を適用することに懐疑的である。なぜなら、この経験は、「あ、今これに見えるぞ」(ウィトゲンシュタイン 2020:408) のように見ていて突如ひらめくのではなく、「せいぜい、異質な和音が、あとから振り返ったときにピボット・コードを曖昧に聴かせるのであって、部分的には記憶にまつわる現象である」(Lycan 2020:137) からだとライカンは分析している。これは実感にかなったものだと思われる。(24)

4　音楽理論と分析哲学

これまでの節では、知覚と思考、「聴く」ことと「知る」ことの関係を中心に、聴き手の心理について論を進めてきた。最後の節となる本節では、音楽についての理論的説明それ自体に内在する三つの哲学的論点を概観しよう。(25)

第一に、音楽に関する理論的説明がもつ「規範的 prescriptive」と「記述的 descriptive」という二つの側面を考えよう。批評を読んだり、音楽理論を学んだりすることによって、聴くことに変化が生じる。たとえば、異なる箇所に意図的に注意を向けるようになり、ハッと驚くことがあるかもしれない。あるいは格別意識せずとも、それまで気づかなかった音楽上の特徴に気づき、聴き終えたあと音楽の印象ががらりと変化することもあるかもしれない。デベリスは、何回も聴いていたオペラ「アイーダ」第三幕の終わりの印象が変化した経験について、このように述懐している。

アイーダとラダメスがエジプトから逃亡しようとするナイル川のシーンの終わりに向かう音楽（「一緒に私たちと逃げましょう Vieni meco, insiem fuggiamo」）は、先にラダメスが入場してきたシーンの音楽（「やっと会えたね、愛しいアイーダ Pur ti riveggo, mia dolci Aida」）と同じである。これを〔批評で〕読み、私は驚いた。このシーンは何度も聴いていたのに、その反復に全く気づかなかったからだ。だが、再び聴いてみると、即座に理解できた。同一の旋律的素材が再び登場していたのである。
(DeBellis 2003:579–580)[26]

こうした、聴き手がまだ知覚していない特徴を指摘し、新しい聴き方を促す側面を、デベリスは「規範的」と呼んでいる。

他方で、音楽を実際にどのように聴いているのか、心理状態の内実を明らかにする側面も理論的説明には存在しており、このような側面をデベリスは「記述的」機能と呼んでいる。記述的な説明を読んだ聴き手は「私はこのように聴いている」と自分の聴き方を認識したり、この説明は自分の聴き方と合致しないと批判したりすることもあるだろう。たとえば、冒頭に触れたレアダールとジャッケンドフによる『調性音楽の生成理論』（ＧＴＴＭ）は、「音楽語法に慣れ親しんでいる聴き手の音楽的直観を形式的に記述すること」（Lerdahl and Jackendoff 1983:5）を目標としており、説明される対象は、聴き手が無意識に行っている曲の理解のしくみである。

第二に紹介する論点も、理論的説明の特徴に関わるものだ。音楽の理論的説明は、物理学などの科学的理論に類似した性格をもっているのだろうか、それとも文学や映画などの解釈により近いのだろうか。

こうした研究の一例として、ピーター・キヴィの議論が参考になる。キヴィは、器楽に関わる哲学的問題を考察した『ただ音楽だけ』においてルドルフ・レティの「主題分析 thematic analysis」をとり上げ、それは「科学的理論」ではなく「解釈」であると論じた（Kivy 1990:124–145）[27]。キヴィのまとめによれば、主題分析は曲の中に感じられる統一感を、曲の中にある（ときには隠された）主題や動機の類似性への言及を通じて、音楽的・心理学的に説明するものである。ただし、レティの理論は、「動機が相互に関連する」というための明確な基準を欠いており、したがって誤りを指摘する余地もない。ゆえに、それは科学的理論ではありえないとキヴィは結論づけた。

実際に、ある理論が科学的理論であるかどうかを判断しようとすれば、考慮すべき点は多くある。分析哲学の分野に限定しても、科学的理論の基準に関してはさまざまな立場が存在しており、検討すべき音楽理論についても、それが提唱された意図やコンテクストなどを考慮しなければならないだろう。とてもすべての音楽理論にあてはまるような結論は望めないと思われる。だが、このような観点から理論を検討することによって、個別の理論の特徴に迫ることができるだけではなく、音楽外のさまざまな理論との比較が可能となり、分野を超えた学際的研究につながる可能性をみいだすことができるのではないだろうか。

さて、これまでの節からも明らかであるように、音楽の理論的説明は音程、和声、形式など専門的な記述に満ちている。それらの記述に慣れ親しんだ人であれば、理解したり自分から表現したりすることに困難を感じることはないかもしれない。だが、一歩立ち止まって、その説明が何を意味しているのかを考えてみよう。これが第三の論点である。「このポストは赤く見える」と語るときの「赤く見える」とはどういう意味なのだろうか。ポストが赤い色をしていて、それが見える、と考えることが自然に思われるかもしれない。だが、同じポストでも、犬には鮮やかな赤さは知覚されずに、くすんだ色が知覚されるようだ(28)。そうであるならば、はたしてポストそれ自体が赤い色をしているといえるのだろうか。

同様の問いを、音楽の理論的説明の解釈に投げかけよう。「グルーピング」を説明する文を例に採る（譜例3）。譜例で示されるグルーピングは、「このパッセージは三音からなる四つのグループとして構造化されている」と記述できる。では、このときの「構造化されている」とは、いったいどういう意味だろうか。

デベリスは、ここでの「構造化されている」を「…として知覚される」と解釈している（こうした解釈は「志向的 intentional」と呼ばれている）。この解釈に従うなら

譜例3　3音からなる4つのグループ

(DeBellis 1995:136)

ば、「このパッセージは三音からなる四つのグループとして構造化されている」とは、「このパッセージが三音からなる四つのグループとして知覚される」ことを意味しており、構造は、知覚によって裏づけられることになる。[29]

では、より大規模な部分に関わる構造、たとえば「ＡＢＡ」のような三部形式はどうだろうか。この場合、構造は「知覚される」ものとして解釈されるよりも、曲がもつほかの性質を引き起こすものとして、説明上要請されるものと解釈されるほうが適切である（こうした解釈は「因果的 causal」と呼ばれている）。この解釈に従えば、「ＡＢＡ」という形式が原因となって、統一性や均整などの美的性質が結果として生じることになる。

おわりに

本章は「聴くこと」と「知ること」をめぐるさまざまな問題を、デベリスの議論を再構成しながら論じてきた。ほかの章とは異なり、本章は「心の哲学」の領域から、「音楽を聴く」というきわめて日常的な行為にひそむ、「聴くことと知ることの関係」という素朴な疑問を出発点にした哲学的分析を紹介した。その議論は、音楽美学や音楽理論との関心の重なりや、心理学や認知科学の知見の援用を特徴としている。こうして、心の哲学がさまざまな分野・領域との交差のただ中に立ち、知覚や推論といった諸概念の関係性を哲学的アプローチによって解明しようと試みていることがわかっただろう。今後の課題として、各節を比較して、より統合的な見取り図を描くこと、たとえば心の哲学の観点から「として聴く」を分析することなどが残されている。

理論や分析を読んで自分の抱いていた疑問が解決したと感じたり、新たな聴き方を知って楽しみが増えたりする経験が、本章の探求を駆動する動機となっている。最後に、本文中では前景化しなかった二つの話題に触れて結びとしたい。第一に、人はなぜ音楽について語りたがるか、というコミュニケーションの問題がある。理論や分析を通じて他者に自分の聴き方を伝えたい、音楽の（私が知っている）真価を伝えたい、音楽について思いを共有したい、という願いが存在している。そして、音楽の趣味に関して大きな対立が生じたり、聴き方の相違をめぐって傷ついたりと、このコミュニケーションは単なる情報の伝達には収まらない側面もあるだろう。第二に、心理学などの自然科学の成果を積極的にとり入れる姿勢が、デベリスをはじめとして近年の分析美学の議論には顕著である（☞コラム④）。こうした態度は「自然化された naturalized」と名づけられており、分析哲学全体にあてはまる傾向でもある[30]。だが、そうした姿勢である限り、自然科学以外になぜ哲学のアプローチが必要となるのか、説得的な理由が必要となるだろう。

註

（1）一例として、細馬（2021）が挙げられるだろう。

（2）Raffman 2011

（3）Budd 1985

（4）源河の研究（2019）は、音楽と感情に関する分析美学の概観を与えてくれる。分析美学と心理学の連携に関しては、ストークスやコクレーンの研究（Stokes 2009; Cochrane 2010）を参照されたい。

（5）Raffman 1993

（6）Luntley 2010

（7）Judge 2018

（8）二〇〇〇年代に入ってチャールズ・ヌスバウムの大著（Nussbaum 2007）が出版されて以降、分析美学から音楽認知論についてまとめた単著はいまだ現れていない。註（30）も参照。

（9）こうした謎を解明するには、より細かく問いを分析する必要があるだろう。マイヤーの問いに取り組むならば、「フーガ」「ソナタ」など個別の概念分析が必要となるかもしれない。そして、そのような概念の明確化がなされた上で、実験などにより実証的な検証が行われることも求められるだろう。また、マイヤーがいかなる意味で「音楽の理解」といった言葉を用いているか、解釈する必要もある。関連して、「音楽を理解する」とはどういうことであるか、「この人はわかっている」と私たちが判断するとき、どのような基準でそう判断しているのか、など、考えるべき問題は数多くある。音楽学者で分析美学も専門とするエルキ・フオビネンの研究は、「音楽を理解すること」にはさまざまな段階や側面があることを指摘しており、参考になる（Huovinen 2008）。

(10) DeBellis 1995:ch. 1-3

(11) デベリスが用いている心の哲学の基本的枠組みの説明に関しては、源河（2017:ch. 1-2）の記述を参照した。

(12) 大串・桑野・難波 2020:75-76

(13) 数字は主音との音程関係を表しており、たとえば「$\hat{1}$」は主音、「$\hat{5}$」は属音を表す。

(14) DeBellis 2005:57-59

(15) 山口（2020）は「モリヌークス問題」の哲学史的概観のみならず、それらをジョナサン・クレーリーの「一八世紀視覚パラダイム」と結びつけて論じている。なお、モリヌークス問題では「視覚」と「触覚」という異なる感覚モダリティを通じて獲得された情報の同一性／差異や統合が問題になっていたのに対して、デベリスは「知覚」によって捉えられた情報と「思考」によって理解された情報のそれを問題にしている。ここでのデベリスによるモリヌークス問題の応用の妥当性については、稿を改めて考えたい。

(16) フォーダー 1985（原著は一九八三年）; チャーチランド 1986（原著は一九七九年）; Churchland 1988 チャーチランドとフォーダーの論争の整理を含めて、本節の内容は DeBellis（1995:80-116）に負う。自然科学を援用しながら展開された両者の論争は、一九九〇年前後の音楽知覚論にも大きな影響を与えてきた（DeBellis 1995:82）。なお、本節でとり上げる「知覚の理論負荷性」に関わる問題は、近年では「思考や期待などの認知的状態は知覚へ侵入することが可能か」を問う「認知的侵入可能性」という枠組みの中で論じられている（信原 2017:172）。

(17) 目の前にあるペットボトルをみているとき、ペットボトルは意識に現れている。これに対して、神経科学的な処理もまた身体の中で生じているが、そうしたものは意識の中には現れない。あるいは、可聴域から外れた周波数の音は、たとえ耳に入ってきたとしても人間の意識には現れない。「意識に現れたりする水準」とはこのようなことを意味している。

（18）なお、デベリスの議論について、二つコメントをしておきたい。まず、フオビネンは、ガムラン音楽に接することが少ない聴き手にとって、ガムラン音楽の構造に関する理論を学んだとしても、必ずしも聴き手の知覚に影響するわけではないという可能性を指摘している（Huovinen 2011:130）。次に、フォーダーの「ミュラー・リヤー錯視」の事例をデベリスはどう説明するのか、という問題が残っている。聴覚の事例でいえば、音が無限に上昇（あるいは下降）し続けるように感じられるロジャー・シェパードの「錯聴」の事例があり、同様に説明が求められるだろう（London 1996:120）。

（19）本章では「として見る」という考え方（野家 2013が参考になる）を音楽知覚の脈絡で活用する。一方で、山田圭一や荒畑靖宏の論考が示すように、必ずしも知覚に限定されない文脈でも「として見る」は議論されている（荒畑 2013; 山田 2020）。

（20）本章では立ち入ることができないが、「として聴く」を音楽に限らない聴覚一般に適用するならば、「この音楽をノイズとして聴く」「発話を単なる音の連なりとして聴く」といった経験も事例に挙げることができるだろう。

（21）Parkhurst 2017:262–264

（22）「高次拍子」とは、小節という枠組みでみた（よくある四分の四拍子といった）通常の拍節構造よりも上位にある（たとえば一小節を一拍として捉え、三小節で三拍子と捉える）拍子を意味する（Mirka 2021:1）。

（23）Lycan 2020:136–138

（24）本章でとり上げることはできなかったが、早い時期に「として聴く」と隠喩の関係性に着目していたのがロジャー・スクルートンである（Scruton 1974）。スクルートンの音楽美学については田邉（2018）を参照。

（25）DeBellis 1995:ch. 5–6

（26）なお、この引用ののち、デベリスはこのように続ける――「それ〔同一の旋律的素材が再び登場するのに気づくこと」は、このシーンのドラマや記念碑的瞬間〔monumentum〕から逸脱してしまうことではないのか。はたしてこのように旋律的同一性が前景化すべきなのだろうか」（DeBellis 2003:580）。また、シェンカー分析についても、「あるパッセージが〔深層〕構造を含んでいると明示的に認識する〔recognize〕ことによって、理解と聴く喜びに何が付け加わるのだろうか」（DeBellis 2003:595）と問う。これらの問いは、専門的に聴くことが（どのように）意義のあるものなのか、というデベリスの疑いから発せられたものである。

（27）レティの分析については久保田（2020）を参照。

（28）源河 2017:39

（29）ただし、デベリスは「構造の傾向性説〔dispositional theory〕」もまた支持しているように思われる（DeBellis 1995:140）。この説では、構造それ自体は知覚されるものではなく、聴き手の中に特定の反応を引き起こす傾向性として理解されている。

（30）本章でとり上げることはできなかったが、自然化された音楽美学としてもっとも包括的に展開された事例と評価されているのが、チャールズ・ヌスバウムの『音楽的表象——意味、存在論、情動』（二〇〇七年）である（Cross and Tolbert 2020）。哲学を基盤としながら、認知科学、生物学、音楽理論などを縦横無尽に使いこなす同書は、音楽美学の刷新を試みている画期的な著作であり、そこで描き出される主張と論証も類をみないものである。

Column - 4

コラム④

音楽美学は自然科学を無視できるか

源河　亨

音楽を聴くとき、さまざまな心の働きが生まれている。音を聴くのはもちろん、聴いた音やフレーズを理解したり、知っている曲を思い出して今聴いている曲と比較したり、次にこんなフレーズがくるだろうと予想したり、曲の素晴らしさに感動したり、陳腐さに落胆したりする。

こうした心の働き（知覚・想起・予測・感情・評価など）は、もちろん、心に関する自然科学（心理学、脳科学、人工知能研究など。以下「自然科学」は「科学」と略記）で研究されている。そうすると、心に関する科学は音楽鑑賞を理解するために役立つと考えられる。そして、近年の英米系の音楽の哲学／音楽美学にも、心に関するさまざまな研究を応用したものが増えている（美学は芸術や感性／センスをおもな対象とする哲学、つまり哲学のサブジャンルであるため、ここでの「音楽の哲学」と「音楽美学」は同じものを意味する。☞第五章）。

科学を踏まえた哲学というものを意外に思う人もいるかもしれない。というのも、「哲学」というと「昔の有名な哲学者の見解を使って何かしら説明する分野」、あるいは「科学では解明できない問題を扱っている分野」という印象をもっている人も少なくないからだ。しかし、現代の哲学では積極的に科学の知見をとり入れた研究が行われている。こうした研究方針は「哲学的自然主義」と呼ばれるものである。さらにいえば、自然主義はむしろ伝統的な哲学のあり方である。古代ギリシアに始まる西洋の「哲学（フィロソフィー）」は「知識（ソフィア）」を「愛する（フィレイン）」ことであり、知的な探求はすべて哲学だった。アリストテレスやデカルトの頃は科学者と哲学者という区別はないし、二つがはっきり区別されたあとでも、哲学者は科学を参照していた。カントもニュートン力学を参照した上で存在について語っている。

哲学にもさまざまな領域があるが、自然主義は「心の哲学」ではとくに顕著なものとなっている。心の哲学は文字どおり心に関する問題を扱う哲学であり、二〇〇〇年代以降の研究は心に関する科学にかなり影響されるかたちで進展してきた。その結果、現在では心に関する科学を知らなくては心を哲学的に探求することも不可能になっている（自然主義のわかりやすい説明としては植原（2017）を参照）。

こうした状況が生まれた理由の一つとして、過去の哲学者が検討してきた「心」は実際のところ「心についての概念」だったかもしれないという懸念が指摘できるだろう。いい換えると、哲学者が考察してきたのは、私たちがもつ「心そのもの」ではなく、私たちが思う「心とはこういうものだという考え」だったかもしれないという反省があるのだ。

反省のきっかけとなったのは、まさに心の科学の研究である。一例を挙げよう。人間は「理性をもつ動物」とみなされ、理性的／合理的な振る舞いをする存在として考察されてきた。そして、「理性をもつ人間はこう振る舞うべきである／こう振る舞うべきではない」といったことが議論されてきた。しかし心に関する科学の実験により、人間はさまざまな偏見やバイアスに支配されていてつねに合理的な判断が下せるわけではないことが明らかになってきた。その結果、「理性的な動物」として検討されてきた「人間」は、現実に存在する私たちのことではなく、「理想化された人間」だったのではないかという疑いが出てきたのである。もちろん、いくつかの場合に合理的な判断が下せないことがあるからといって、「理性的な動物」という人間の定義をすぐさま完全に放棄すべきということにはならない。とはいえ、これまでの考察には不当な憶測が混じっていたのではないかという点を気にかける必要が出てきたことは確かである。そして、そうした憶測を回避するため、心に関する科学の動向に目を向ける必要が出てきたのである。

現代の音楽の哲学には、こうした心の哲学の影響を多く受けた研究者が参入している。冒頭で述べたように、音楽鑑賞にはさまざまな心の働きが関わるため、心に関する科学、そして、それに影響を受けた心の哲学が、音楽の哲学を研究するために使われているのである。

注意すべきだが、科学を利用すれば万事問題ないというわけではない。それにはリスクもある。たとえば、科学に基づいた哲学的考察は、元となる科学理論が誤りだと判明すると共倒れになってしまうだろう。最近では心理学の実験は再現性がとれないのではないかという懸念が広まりつつある（平石・中村 2021）。もしこの懸念が正しければ、心理学を利用した哲学理論の立場も危ういものとなる。

だが、共倒れのリスクは必ずしも悪いものではない。というのも、踏み込んだ主張をするためには間違いのリスクを引き受けなければならないからだ。この点を理解するために、「明日の天気は晴れか雨か曇りか雪です」という天気予報を考えてみてほしい。この予報が間違いになる可能性はかなり少ない。とはいえ、間違いにならないのは答えを絞り込んでいないからである。そして、絞り込まれていない予報は明日の予定を決める上で役に立たない。それより「明日は雨です」という予報、いい換えると、間違いの可能性を増やしても答えを絞った予報のほうが、明日何をするかを決める上でずっと役に立つ。これと同じように、共倒れのリスクを恐れて踏み込んだ主張をしない哲学的研究は、その分だけ面白みがないものになるだろう。リスクをとっても科学の研究を利用したほうが興味深い主張ができるように思われる。同じことは哲学以外にも音楽美学の研究にもあてはまるのではないだろうか。

最後に別の比喩を使って話を締めくくることにしたい。音楽美学者にとって心の科学は車のようなものかもしれない。車なしではスーパーにも病院にも役所にも行けない場所に住んでいる人にとって、車は必要最低限のものだ。それと同じように、科学の知識は根拠のない憶測を回避するために必要最低限のものである。他方で、車をもつと行動範囲が増えるように、科学の知識を身に付けることで研究範囲が広がる人もいる。とはいえ、同時に支払うコストも増える。駐車場代もかかるし税金も増える。それと同じく、科学の知識を使ったことで共倒れのリスクを背負わなければならない。

もちろん、車なんてなくても生活できるという人もいる。電車網が発達しているところなら車はいらないし、少し大通りまで出ればすぐタクシーを拾える地域に住んでいるなら自分で運転する必要はない。だが、そうした場所に住んでいるのはごく一部の人だけである。それと同じように、科学の知識を知らなくても安定して研究ができる人もいるだろうが、それはごく一部の人なのではないだろうか。

音楽美学は科学を無視できるのか。科学を参照せずに卓越した研究を生産できる人は知らなくてもいいだろう。だが、それ以外の人は科学を参照すべきではないだろうか。

あとがき

『音楽と心の科学史——音楽学と心理学が交差するとき』を編むきっかけとなったのは、二〇二一年一一月一三日に開催された日本音楽学会第七二回全国大会のパネル企画「心理学・音楽理論・美学——変化するメソドロジー」であった。このパネルは、編者の小寺未知留が「音楽学が心理学をいかに参照・活用してきたのかに注目した研究が、マイノリティではあるが日本でも着実に蓄積されつつある」という思いから企画したものである。音楽理論や音楽美学の歴史性・学際性に注目して研究している編者（小寺と西田紘子）と小川将也さんのほか、別の分野の視点も必要なことから、哲学の方法を用いて音楽美学の問題を探究している源河亨さんの四人がパネリストとなった。こうしてこの四人が、一九世紀末以降のいくつかの時代や地域を対象に、音楽理論・音楽美学と心理学の関係を示す事例を方法論の観点から紹介し、議論することになった。それならば、俯瞰的な視野で諸事例を見渡すことのできる方にコメントをいただきたい。そこで、科学哲学および科学史の大家である野家啓一さんにコメンテータをお願いした。

パネルで得たさまざまな意見を修正・発展させるかたちで、本書の構想は西田・小寺を編者として練り直された。幅を広げるべく、近代日本の音楽学を対象に研究を進める鈴木聖子さんと、分析哲学の領域から音楽美学と音楽理論の関係を研究している田邉健太郎さんがあらたに加わった。だが、一冊でとり上げることのできる対象や範囲には限界がある。そこで、春秋社の編集者・中川航さんの助言により、隣接分野・領域の専門家にコラムを書いてもらい、本書の背後にある広がりを読者に少しでも感じてもらおうということになった。社会心理学の専門家・佐藤典子さんと情報科学の専門家・森本智志さんにお願いしたほか、戦前の音心理学と戦後の音楽心理学の事例に時代の開きがあることから、そのあいだを埋めるべく戦間期の音楽理論・美学を専門とする木村直弘さんにもコラムに加わってもらった。源河さんには、パネルの質問で出た、理論の誤りに関する問題を掘り下げるようなコラムを依頼した。そして野家さんには、本書の出発点となる方法と歴史に関する論考を寄せてもらった。このように、いずれの章・コラムも、音楽学や心理学、科学史や思想史に関心のある学生や愛好家を読者として想定し、書き下ろされたものである。章やコラムを読む手引きとして、編者が本書の前提となる総説を書いた。

執筆に着手したのが二〇二二年一月。およそ一年後に編集者の中川さんに全原稿を渡した。そのあいだ、執筆者の皆さんには再三にわたる修正をお願いした。大幅な書き換えを伴う場合もあった。根気強く修正いただいた執筆者の協力なしに本書は成立しなかった。複数の執筆者が関わる本にはさまざまなものがあるが、上記のとおり本書は分野・領域や方法を異にする研究者によって書かれている。そのため編者は、編集作業を通して、本書のテーマである音楽学の学際性を痛感することもあった。執筆者間は共通言語が全くないほど離れているわけではない。しかし、用語の専門性をどうかみ砕くかに苦心したり、同じ用語であっても各人の理解を確認・共有したりして、有機的な構成になるよう努めた。

本書がひととおり完成したあと、上江田博史さん、桙大也さん、西澤忠志さん（以上は博士後期課程ないし一貫制博士課程の大学院生）と、音楽美学を専門とする堀朋平さんに、本書全体を読み通してもらい、忌憚なき意見を寄せてもらった。彼ら四人のコメントによって、本書は改善されたと実感している。心より感謝申し上げる。また、第一章はJSPS科研費JP20K00128（研究代表者 西田紘子）の、第四章は同JP19K12982（研究代表者 小寺未知留）の、第五章は同JP22K00045（研究代表者 田邉健太郎）の助成を受けた研究成果を反映しているほか、ダイアナ・ドイチュの写真についてはご本人の、レナード・マイヤーの写真と未公刊資料についてはご遺族の承諾を得て掲載した。これらの支援や協力にもこの場を借りて謝意を表したい。

編集者の中川さんには、企画の構想段階から校正の最終段階に至るまで、冷静で大局的なコメントと助言を折々にいただいた。編者が迷路に入り込んだときには、灯台のように道を照らしてくれた。深謝する。

音楽学にとって心理学は、「心の言語」と呼ばれる音楽の本質を探究する際の重要な参照先であったし、今もなおそうである。音楽学や音楽の心理学、さらには科学史に関心をもっているできるだけ多くの方々に手にとってもらえれば幸いである。

二〇二三年一月　編者

主要人名索引

あ行

か行

さ行

た行

な行

は行

ま行

や行

ら行

わ行

事項索引

あ行

か行

さ行

た行

な行

引用文献

本書に寄せて

アリストテレス 1968『形而上学』(アリストテレス全集12)、出隆訳、岩波書店。

クセナキス、ヤニス 2017『音楽と建築』高橋悠治編訳、河出書房新社。

クーン、トーマス 1971『科学革命の構造』中山茂訳、みすず書房。

—— 1987『本質的緊張1——科学における伝統と革新』安孫子誠也・佐野正博訳、みすず書房。

ケプラー、ヨハネス 1963「世界の調和」『世界大思想全集　社会・宗教・科学思想篇』第31巻、島村福太郎訳、河出書房新社。

コイレ、アレクサンドル 1988『ガリレオ研究』菅谷曉訳、法政大学出版局。

サートン、ジョージ 1974『科学史と新ヒューマニズム』森島恒雄訳、第30刷、岩波新書。

ヒース、トーマス 1959『ギリシア数学史Ⅰ』平田寛訳、共立出版。

彌永昌吉・伊東俊太郎・佐藤徹 1979『ギリシャの数学』(数学の歴史Ⅰ——現代数学はどのようにつくられたか　第1巻)、共立出版。

荻野弘之 1999『哲学の原風景——古代ギリシアの知恵とことば』ＮＨＫライブラリー。

佐々木力 1992『近代学問理念の誕生』岩波書店。

—— 1997『学問論——ポストモダニズムに抗して』東京大学出版会。

中村雄二郎 2000『精神のフーガ——音楽の相のもとに』小学館。

西原稔・安生健 2020『数字と科学から読む音楽』ヤマハミュージックエンタテインメントホールディングス。

総説

Adler, Guido. 1885. "Umfang, Methode und Ziel der Musikwissenschaft," *Vierteljahrsschrift für Musikwissenschaft* 1, 5–20.

Burkholder, J. Peter. 1993. "Music Theory and Musicology," *The Journal of Musicology* 11/1, 11–23.

Burney, Charles. 1776–1789. *A General History of Music, from the Earliest Age to the Present*. 4 volumes. London: Printed for the author.

Christensen, Thomas. 2002. *The Cambridge History of Western Music Theory*. Cambridge: Cambridge University Press.

Davies, Stephen. 2003. "Music," in *The Oxford Handbook of Aesthetics*. Edited by Jerrold Levinson, 489–515, Oxford: Oxford University Press.

De la Motte-Haber, Helga. 1982. "Umfang, Methode und Ziel der Systematischen Musikwissenschaft," in *Systematische Musikwissenschaft als neues Handbuch der Musikwissenschaft*. Band 10. Hrsg. von Carl Dahlhaus und Helga de la Motte-Haber, 1–24. Laaber: Laaber-Verlag Müller-Buscher.

Ellis, Alexander J. 1885. "On the Musical Scales of Various Nations," *Journal of the Society of Arts* 33, 485–527.

Farnsworth, Paul R. 1958. *The Social Psychology of Music*. New York: Dryden Press.

Fétis, François-Joseph. 1869–1876. *Histoire générale de la musique depuis les temps les plus anciens jusqu'a nos jours*. 5 tomes. Paris: Librairie De Firmin Didot Freres, Fils et Cie.

Forkel, Johann Nikolaus. 1788–1801. *Allgemeine Geschichte der Musik*. 2 Bände. Leipzig: Im Schwickertschen Verlage.

Francès, Robert. 1958. *La perception de la musique*. Paris: J. Vrin.

Friedmann, Jonathan L. 2018. *Musical Aesthetics: An Introduction to Concepts, Theories, and Functions*. Newcastle upon Tyne: Cambridge Scholars Publishing.

Gjerdingen, Robert O. 2002. "The Psychology of Music," in *The Cambridge History of Western Music Theory*. Edited by Thomas Christensen, 956–981, Cambridge: Cambridge University Press.

Gottschewski, Hermann. 2018. "Die Entwicklung der modernen Musikforschung und des Faches Musikwissenschaft als nationalen Disziplin in Japan," in *Wege zur Musikwissenschaft. Gründungsphasen im internationalen Vergleich*. Hrsg. von Melanie Wald-Fuhrmann und Stefan Keym, 154–170. Kassel:

Bärenreiter.

Green, Burdette, and David Butler. 2002. "From Acoustics to *Tonpsychologie*," in *The Cambridge History of Western Music Theory*. Edited by Thomas Christensen, 246–271, Cambridge: Cambridge University Press.

Hallam, Susan, Ian Cross, and Michael Thaut (ed.). 2016. *The Oxford Handbook of Music Psychology*. 2nd edition. Oxford: Oxford University Press.

Kim, Youn. 2014 ""Boundaries" and "Thresholds": Conceptual Models of the Musical Mind in the History of Music Psychology," *Psychology of Music* 42/5, 671–691.

Klein, Julie Thompson. 2017. "Typologies of Interdisciplinarity," in *The Oxford Handbook of Interdisciplinarity*, 2nd edition. Edited by Robert Frodeman, Julie Thompson, and Roberto C. S. Pacheco, 21–34, Oxford: Oxford University Press.

Korsyn, Kevin. 2003. *Decentering Music: A Critique of Contemporary Musical Research*. New York: Oxford University Press.

Krumhansl, Carol L. 1995. "Music Psychology and Music Theory: Problems and Prospects," *Music Theory Spectrum* 17/1, 53–80.

Lerdahl, Fred, and Ray Jackendoff. 1983. *A Generative Theory of Tonal Music*. Cambridge, Mass.: MIT Press.

Lippmann, Edward. A. 1994. *A History of Western Musical Aesthetics*. Lincoln: University of Nebraska Press.

Mainwaring, John. 1760. *Memoirs of the Life of the Late George Frideric Handel*. London: R. and J. Dodsley.

Ockelford, Adam. 2016. "Beyond Music Psychology," in *The Oxford Handbook of Music Psychology*, 2nd edition. Edited by Susan Hallam, Ian Cross, and Michael Thaut, 877–892, Oxford: Oxford University Press.

Piéron, Henry. 1956. "Géza Révész: 1878–1955," *The American Journal of Psychology* 69/1, 139–141.

Rehding, Alexander, and Steven Rings (ed.). 2020. *The Oxford Handbook of Critical Concepts in Music Theory*. New York: Oxford University Press.

Rickert, Heinrich. 1926 [1899]. *Kulturwissenschaft und Naturwissenschaft*. 6te und 7te durchgesehene und ergänzte Auflage. Tübingen: Verlag von J. C. B. Mohr.

Riemann, Hugo. 1898. *Geschichte der Musiktheorie im IX.-XIX. Jahrhundert*.

Leipzig: Max Hesse's Verlag.

Rothfarb, Lee. 2002. "Energetics," in *The Cambridge History of Western Music Theory*. Edited by Thomas Christensen, 927–955, Cambridge: Cambridge University Press.

Seashore, Carl E. 1938. *Psychology of Music*. New York: McGraw-Hill.

Singer, Andrea. 2020. "Hörer-Statistik zu Hanslicks musikgeschichtlichen Vorlesung an der Universität Wien," in *Hanslick im Kontext auf die Ästhetik, Musikkritik und das historische Umfeld von Eduard Hanslick*. Hrsg. von Alexander Wilfing, Christoph Landerer, und Meike Wilfing-Albrecht, 231–249, Wien: Hollitzer Verlag.

Thaut, Michael H. 2016. "History and Research," in *The Oxford Handbook of Music Psychology*, 2nd edition. Edited by Susan Hallam, Ian Cross, and Michael Thaut, 893–904, Oxford: Oxford University Press.

Wald-Fuhrmann, Melanie, und Stefan Keym (Hrsg.). 2018. *Wege zur Musikwissenschaft. Gründungsphasen im internationalen Vergleich*. Kassel: Bärenreiter.

Watson, John B. 1913. "Psychology as the Behaviorist Views it," *Psychological Review* 20, 158–177.

Windelband, Wilhelm. 1894. *Geschichte und Naturwissenschaft. Rede zum Antritt des Rectorats der Kaiser-Wilhelms-Universität Strassburg*. Strassburg: J. H. ED. Heitz.

カーマン、ジョゼフ、リチャード・タラスキン、ジャン＝ジャック・ナティエほか 2013『ニュー・ミュージコロジー——音楽作品を「読む」批評理論』福中冬子訳、慶應義塾大学出版会。

クレイトン、マーティン、トレヴァー・ハーバート、リチャード・ミドルトン（編）2011『音楽のカルチュラル・スタディーズ』若尾裕監訳、アルテスパブリッシング。[Clayton, Martin, Trevor Herbert, and Richard Middleton (ed.). *The Cultural Study of Music: A Critical Introduction*. New York: Routledge, 2003.]

クーン、トーマス 1987『本質的緊張 1——科学における伝統と革新』安孫子誠也・佐野正博訳、みすず書房。[Kuhn, Thomas S. *The Essential Tension: Selected Studies in Scientific Tradition and Change*. Chicago: The University of Chicago Press, 1977.]

スモール、クリストファー 2011『ミュージッキング——音楽は〈行為〉である』野澤豊一・西島千尋訳、水声社。[Small, Christopher. *Musicking:*

The Meaning of Performing and Listening. Hanover and London: Wesleyan University Press, 1988.〕
ディルタイ、ヴィルヘルム 2003〜2010『ディルタイ全集』第１・２・４・７巻、牧野英二・塚本正明・長井和雄・竹田純郎・西谷敬・宮下啓三・白崎嘉昭編集・校閲、法政大学出版会。
ファンデンボス、ゲイリー・R（監修）2013『ＡＰＡ心理学大辞典』繁桝算男・四本裕子監訳、培風館。〔VandenBos, Gary R. (ed.). *APA Dictionary of Psychology*. Washington, D. C.: American Psychological Association, 2007.〕
プラトン 2000『国家（上）』藤沢令夫訳、第39刷（第１刷1979年）、岩波文庫。
——— 2000『国家（下）』藤沢令夫訳、第35刷（第１刷1979年）、岩波文庫。
——— 2015『ティマイオス クリティアス』岸見一郎訳、白澤社。
ヘルムホルツ、ヘルマン・フォン 2014『音感覚論』辻伸浩訳、銀河書籍。〔Helmholtz, Hermann von. *Die Lehre von den Tonempfindungen als physiologische Grundlage für die Theorie der Musik*. Braunschweig: Friedrich Vieweg und Sohn, 1863.〕
ボンズ、マーク・エヴァン『ベートーヴェン症候群——自伝として音楽を聴く』堀朋平・西田紘子訳、春秋社、2022年。〔Bonds, Mark Evan. *The Beethoven Syndrome: Hearing Music as Autobiography*. New York: Oxford University Press, 2020.〕
マーギュリス、エリザベス・ヘルムス 2022『音楽心理学ことはじめ——音楽とこころの科学』二宮克美訳、福村出版。〔Margulis, Elizabeth Hellmuth. *The Psychology of Music: A Very Short Introduction*. New York: Oxford University Press, 2018.〕
井上貴子 2006『近代インドにおける音楽学と芸能の変容』青弓社。
上垣渉・根津知佳子 2014「古代ギリシアにおける音楽的エートス論の形成」『三重大学教育学部研究紀要』第65巻（自然科学）、35〜62頁。
大芦治 2016『心理学史』ナカニシヤ出版。
大串健吾 2019『音響聴覚心理学』誠信書房。
大串健吾・桑野園子・難波精一郎（監修）2020『音楽知覚認知ハンドブック——音楽の不思議の解明に挑む科学』北大路書房。
太田伸夫（監修）2021『音響・音楽心理学』北大路書房。
岡本拓司 2021『近代日本の科学論——明治維新から敗戦まで』名古屋大学出版会。

隠岐さや香 2018『文系と理系はなぜ分かれたのか』星海社。
小田部胤久 2020『美学』東京大学出版会。
坂野徹（編著）2016『帝国を調べる――植民地フィールドワークの科学史』勁草書房。
正田悠・山下薫子 2015「演奏の心理」『音楽心理学入門』星野悦子編、211〜239頁、誠信書房。
高橋澪子 2016『心の科学史――西洋心理学の背景と実験心理学の誕生』講談社学術文庫。
徳丸吉彦 2016「民族音楽学への流れ」『民族音楽学 12の視点』徳丸吉彦監修、増野亜子編、152〜160頁、音楽之友社。
徳丸吉彦・高橋悠治・北中正和・渡辺裕（編）2007『事典 世界音楽の本』岩波書店。
並松信久 2016『農の科学史――イギリス「所領地」の革新と制度化』名古屋大学出版会。
西田紘子・安川智子（編著）2019『ハーモニー探究の歴史――思想としての和声理論』音楽之友社。
沼野雄司 2022『音楽学への招待』春秋社音楽学叢書。
根岸一美・三浦信一郎（編）2004『音楽学を学ぶ人のために』世界思想社。
野家啓一 2008『パラダイムとは何か――クーンの科学史革命』講談社学術文庫。
――― 2013『科学の解釈学』講談社学術文庫。
野澤豊一・川瀬慈（編著）2021『音楽の未明からの思考――ミュージッキングを超えて』アルテスパブリッシング。
初田哲男・大隅良典・隠岐さや香 2021『「役に立たない」研究の未来』柏書房。
星野悦子（編著）2015『音楽心理学入門』誠信書房。
松本三和夫 2016『科学社会学の理論』講談社学術文庫。
――― 2021「科学社会学の見取り図――研究事始めからポスト「第三の波」まで」『科学社会学』松本三和夫編、１〜29頁、東京大学出版会。
宮澤史穂・田部井賢一 2015「音楽と脳」『音楽心理学入門』星野悦子編、185〜210頁、誠信書房。
山上揚平 2010「「新しい心理学」と音楽の科学――フランス近代音楽学形成期の実験的音楽研究再考」『音楽学』第56巻２号、95〜109頁。
山崎晃男 2015「音楽と感情」『音楽心理学入門』星野悦子編、137〜161頁、誠信書房。

コラム 1

Schäfer, Thomas, Peter Seldmeier, Christine Städtler, and David Huron. 2013. "The Psychological Functions of Music Listening," *Frontiers in Psychology* 4, 1-33.

星野悦子（編著）2015『音楽心理学入門』誠信書房。

池上真平・佐藤典子・羽藤律・生駒忍・宮澤史穂・小西潤子・星野悦子 2021「日本人における音楽聴取の心理的機能と個人差」『心理学研究』第92巻 4 号、237〜247頁。

佐藤典子 2019「音楽領域における大学進学に関する心理・社会的要因の検討——音楽大学への進学理由および適応に関する質問紙調査データ分析結果から」東北大学大学院教育情報学教育部課程博士論文。

第 1 章

Bonds, Mark Evan. 2020. *The Beethoven Syndrome: Hearing Music as Autobiography*. New York: Oxford University Press. ［マーク・エヴァン・ボンズ『ベートーヴェン症候群——自伝として音楽を聴く』堀朋平・西田紘子訳、春秋社、2022年。］

Helmholtz, Hermann von. 1863. *Die Lehre von den Tonempfindungen als physiologische Grundlage für die Theorie der Musik*. Braunschweig: Friedrich Vieweg und Sohn. ［ヘルマン・フォン・ヘルムホルツ『音感覚論』辻伸浩訳、銀河書籍、2014年。］

Kim, Youn. 2014. ""Boundaries" and "Thresholds": Conceptual Models of the Musical Mind in the History of Music Psychology," *Psychology of Music* 42/5, 671-691.

Lotze, Hermann. 1868. *Geschichte der Aesthetik in Deutschland*. München: J.G. Cotta'schen Buchhandlung.

Pearce, Trevor. 2008. "Tonal Functions and Active Synthesis: Hugo Riemann, German Psychology, and Kantian Epistemology," *Intégral* 22, 81-116.

Piéron, Henry. 1956. "Géza Révész: 1878-1955," *The American Journal of Psychology* 69/1, 139-141.

Rehding, Alexander. 2003. *Hugo Riemann and the Birth of Modern Musical Thought*. Cambridge: Cambridge University Press.

Révész, Géza. 1912. "Nachweis, daß in der sogenannten Tonhöhe zwei von einander unabhängigen Eigenschaften zu unterscheiden sind," *Nachrichten von der königlichen Gesellschaft der Wissenschaften zu Göttingen, mathematisch-physikalische Klasse aus dem Jahre 1912*. Berlin: Weidmannsche Buchhandlung, 247–252.

———. 1913a. "Über die beiden Arten des absoluten Gehörs (Tonqualitätserkennung und Tonhöhenerkennung)," *Zeitschrift der internationalen Musikgesellschaft* 14/5, 130–137.

———. 1913b. *Zur Grundlegung der Tonpsychologie*. Leipzig: Verlag von Veit und Comp.

Riemann, Hugo. 1882, 1884, 1887, 1894, 1900, 1905, 1909, 1916. *Musik-Lexikon*. 1–2te Auflage, Leipzig: Verlag des bibliographischen Institutes. 3–7te Auflage, Leipzig: Max Hesses Verlag. 8te Auflage, Berlin und Leipzig: Max Hesses Verlag.

———. 1908. *Grundriß der Musikwissenschaft*. Leipzig: Verlag von Quelle & Meyer.

———. 1912. "Tonhöhenbewußtsein und Intervallurteil," *Zeitschrift der internationalen Musikgesellschaft* 13/8, 269–272.

———. 1913. "Dr. Révész' Tonqualität (Erwiderung)," *Zeitschrift der internationalen Musikgesellschaft* 14/6, 187–189.

———. 1916. "Ideen zu einer 'Lehre von den Tonvorstellungen'," *Jahrbuch der Musikbibliothek Peters* 21/22 (1914/1915), 1–26. ["Ideas for a Study "On the Imagination of Tone."" Translated by Robert W. Wason and Elizabeth W. Marvin, *Journal of Music Theory* 36/1, 1992, 81–117.] [「フーゴー・リーマン「〈音想像論〉の着想」[抄訳]」『音楽を通して世界を考える』西田紘子訳、東京藝術大学出版会、2020年、292〜312頁。]

Stumpf, Carl. 1883, 1890. *Tonpsychologie*. 2 Bände. Leipzig: Verlag von S. Hirzel.

———. 1898. *Beiträge der Akustik und Musikwissenschaft*. Heft I: Konsonanz und Dissonanz. Leipzig: Verlag von Johann Ambrosius Barth.

Wason, Robert W., and Elizabeth W. Marvin. 1992. "Riemann's "Ideen zu Einer 'Lehre von den Tonvorstellungen' ": An Annotated Translation," *Journal of Music Theory* 36/1, 69–79.

伊福部昭 2008 [1968]『完本 管絃楽法』音楽之友社。

大串健吾 2019『音響聴覚心理学』誠信書房。

鈴木聖子 2019『〈雅楽〉の誕生――田辺尚雄が見た大東亜の響き』春秋社。

西田紘子・安川智子（編著）2019『ハーモニー探究の歴史――思想としての和声理論』音楽之友社。
西田紘子・安川智子 2021「音楽理論上の術語の伝播過程における翻訳とその影響関係――フーゴー・リーマン『音楽事典』の独・英・仏語版を例に」『北里大学一般教育紀要』第26号、21～41頁。
西田紘子 2021「フーゴー・リーマンの『音楽事典』にみる概念変容と隣接学問分野との相互作用――和声理論を中心に」『美学』第72巻２号（259号)、47～59頁。

第２章

略号：VMW = Vierteljahrsschrift für Musikwissenschaft

Adler, Guido. 1885. "Umfang, Methode und Ziel der Musikwissenschaft," *VMW* 1, 5–20.

———. 1919. *Methode der Musikgeschichte*. Leipzig: Breitkopf & Härtel.

Ash, Mitchell G. 1998 [1995]. *Gestalt Psychology in German Culture, 1890–1967: Holism and the Quest for Objectivity*. Paperback edition. Cambridge: Cambridge University Press.

Brown, Steven, Björn Merker, and Nils L. Wallin. 2000. "An Introduction to Evolutionary Musicology," in *The Origins of Music*. Edited by Nils L. Wallin, Björn Merker, and Steven Brown, 3–24, Cambridge, Mass.: MIT Press.

Graf, Walter. 1974. "Die Vergleichende Musikwissenschaft in Österreich seit 1896," *Yearbook of the International Folk Music Council* 6, 15–43.

Granziano, Amy B. and Julene K. Johnson. 2006a. "R. Wallaschek's Nineteenth-Century Contributions to the Psychology of Music," *Music Perception: An Interdisciplinary Journal* 23, 293–304.

———. 2006b. "The Influence of Scientific Research on Nineteenth-Century Musical Thought: The Work of Richard Wallaschek," *International Review of the Aesthetics and Sociology of Music* 37/1, 17–32.

———. 2015. "Music, Neurology, and Psychology in the Nineteenth Century," *Progress in Brain Research* 216, 33–49.

Honing, Henkjan. 2018. "Musicality as an Upbeat to Music: Introduction and Research Agenda," in *The Origins of Musicality*. Edited by Henkjan Honing,

3–20, Cambridge, Mass. MIT Press.

Huron, David. 2001. "Is Music an Evolutionary Adaptation?" *Annals of the New York Academy of Sciences* 930/1, 43–61.

Jones, Mari Riess. 2016. "Musical Time," in *The Oxford Handbook of Music Psychology*, 2nd edition. Edited by Susan Hallam, Ian Cross, and Michael Thaut, 125–141, Oxford: Oxford University Press.

Kümmel, Werner Friedrich. 1973. "Musik und Musikgeschichte in biologistischer Interpretation," in *Biologismus im 19. Jahrhundert*. Hrsg. von Gunter Mann, 108–146, Stuttgart: Ferdinand Enke Verlag.

Lach, Robert. 1913. *Studien zur Entwickelungsgeschichte der ornamentalen Melopöie: Beiträge zur Geschichte der Melodie*. Leipzig: C. F. Kahnt Nachfolger.

———. 1924. "Die vergleichende Musikwissenschaft, ihre Methoden und Probleme," *Sitzungsberichte der philosophisch-historischen Klasse der Akademie der Wissenschaften in Wien* 200/5, 1–120.

Mach, Ernst. 1903［1886］. *Die Analyse der Empfindungen und das Verhältniss des Physischen zum Psychischen*. 4te vermehrte Auflage. Jena: Verlag von Gustav Fischer.［エルンスト・マッハ『感覚の分析』新装版、須藤吾之介・廣松渉訳、法政大学出版局、2013年。］

Partsch, Erich Wolfgang. 1985. "Von der Historie zur Empirie: R. Wallascheks Entwurf einer reformierten Musikwissenschaft," *Studien zur Musikwissenschaft* 36, 87–110.

Rehding, Alexander. 2000. "The Quest for the Origins of Music in Germany Circa 1900," *Journal of the American Musicological Society* 53/2, 345–385.

Stumpf, Carl. 1911. *Anfänge der Musik*. Leipzig: Verlag von Johann Ambrosius Barth.［カルル・シュトゥンプ『音楽のはじめ』結城錦一訳、法政大学出版局、1995年。］

Sully, James. 1885［1884］. *Outlines of Psychology: With Special Reference to the Theory of Education*. 2nd edition. London: Longmans, Green and Co.

Wallaschek, Richard. 1886. *Ästhetik der Tonkunst*. Stuttgart: Verlag von W. Kohlhammer.

———. 1891. "Über die Bedeutung der Aphasie für den musikalischen Ausdruck," *VMW* 7, 53–73.

———. 1893. *Primitive Music*. London: Longmans, Green and Co.

———. 1894. "Über die Bedeutung der Aphasie für die Musikvorstellung,"

Zeitschrift für Psychologie und Physiologie der Sinnesorgane 6, 8–32.
———. 1895. "On the Difference of Time and Rhythm in Music," *Mind New Series* 4/13, 28–35.
———. 1903. *Anfänge der Tonkunst*. Leipzig: Verlag von Johann Ambrosius Barth.
———. 1905. *Psychologie und Pathologie der Vorstellung: Beiträge zur Grundlegung der Aesthetik*. Leipzig: Verlag von Johann Ambrosius Barth.
———. 1930. *Psychologische Ästhetik. Mit einer Würdigung von Robert Lach*. Hrsg. von Oskar Katann. Wien: Rikola Verlag.
今川恭子（編著）2020『わたしたちに音楽がある理由——音楽性の学際的探求』音楽之友社。
小川将也 2020「グィド・アドラーの音楽学体系における音楽美学——心理学との関係と「内容分析」の射程」『音楽学』第65巻２号、106〜121頁。
——— 2022「リヒャルト・ヴァラシェクの進化思想へのエピステモロジー的接近——ある科学テクストの基礎概念、受容、言説類型」『音楽学』第68巻１号、1〜16頁。
高橋澪子 2016『心の科学史——西洋心理学の背景と実験心理学の誕生』講談社学術文庫。
徳丸吉彦 2016『ミュージックスとの付き合い方——民族音楽学の拡がり』左右社。

第３章

上原六四郎 1895『俗楽旋律考』金港堂。
大山正・大泉溥 2014「本邦心理学の創始者元良勇次郎の足跡を辿って」『心理学評論』第57巻２号、258〜272頁。
大類伸（編）1918『史論叢録　上・下巻』興亡史論刊行会。
岡田暁生 2010『「クラシック音楽」はいつ終わったのか？——音楽史における第一次世界大戦の前後』人文書院。
菊地敦子・福井七子 2018「アメリカにおける戦後の異文化研究」『関西大学外国語学部紀要』第18巻、55〜77頁。
木村靖二 2020『第一次世界大戦』第５刷、ちくま新書。
九鬼周造 1930『「いき」の構造』岩波書店。
菅野幸恵 2007「明治・大正期の日本における西洋の心理学の受容と展開」『青

山学院女子短期大学総合文化研究所年報』第15巻、53〜66頁。

鈴木聖子 2019『〈雅楽〉の誕生――田辺尚雄が見た大東亜の響き』春秋社。

髙野陽太郎 2019『日本人論の危険なあやまち――文化ステレオタイプの誘惑と罠』ディスカヴァー・トゥエンティワン。

高橋澪子 2016『心の科学史――西洋心理学の背景と実験心理学の誕生』講談社学術文庫。

田辺尚雄 1907年3月「音楽の主観的価値」『音楽』第11巻5号、5〜9頁。

――― 1907年7月「音楽美学論」『音楽』第12巻3号、5〜7頁。

――― 1908『音響と音楽』弘道館。

――― 1909年1月「日本音楽の粋を論ず」『歌舞音曲』第23号、2〜6頁。

――― 1909年3月「日本音楽の理論――附　粋の研究」『哲学雑誌』第24巻、166〜195頁。

――― 1910年9月「日本俗楽論――附　現代唱歌の難点」『早稲田文学』第58巻、26〜47頁。

――― 1915『西洋音楽講話』岩波書店。

――― 1916『最近科学上より見たる音楽の原理』内田老鶴圃。

――― 1916年6月「日本音楽の発達」『趣味之友』第1巻6号、76〜77頁。

――― 1916年6月「日本音楽の発達」『層雲』第6巻3号、1〜3頁。

――― 1918「音楽の発達と其民族の特性」『史論叢録　下巻』興亡史論刊行会、1〜76頁。

――― 1919『日本音楽講話』岩波書店。

――― 1925『西洋音楽講話』改訂版、岩波書店。

――― 1981『田辺尚雄自叙伝　上巻』邦楽社。

中野善達 1985「解説」、ヴィルヘルム・ヴント『身振り語の心理』所収、中野善達監訳、中川伸子・谷本忠明訳、福村出版、189〜206頁。

早坂隆 2006『世界の日本人ジョーク集』中公新書ラクレ。

安田武・多田道太郎 1992『『「いき」の構造』を読む』朝日新聞社。

Benedict, Ruth. 1946. *The Chrysanthemum and the Sword: Patterns of Japanese Culture*. Boston: Houghton Mifflin Company.［ルース・ベネディクト『菊と刀――日本文化の型』越智敏之・越智道雄訳、平凡社ライブラリー、2013年。］)

Bergson, Henri. 1900［1970］. *Le Rire. Essai sur la signification du comique*, in *Œuvres*, Paris: Presses Universitaires de France.［アンリ・ベルクソン『笑い』林達夫訳、岩波書店、2018年（初版1938年）。］

Combarieu, Jules. 1907. *La musique, ses lois, son évolution, (collection de) Bibliothèque de philosophie scientifique*. Paris: Éditeur Flammarion.［ジュール・コンバリゥ『音楽の法則と進化』園部三郎訳、創元社、1947年。］

Faulkner, Anne Shaw. 1913. *What We Hear in Music: A Laboratory Course of Study in Music History and Appreciation, for Four Years of High School, Academy, College, Music Club or Home Study*. Camden, N.J.: Educational Department, Victor Talking Machine Company.

Helmholtz, Herman von. 1898. *Vorlesungen über theoretische Physik. Band III: Die mathematischen Principien der Akustik*. Hrsg. von Arthur König und Carl Runge. Leipzig: Verlag von Johann Ambrosius Barth.

Henderson, William James. 1898. *What Is Good Music? Suggestions to Persons Desiring to Cultivate a Taste in Musical Art*. New York: Charles Scribner's Sons.

Martinelli, Riccardo. 2004. "Descriptive Empiricism. Stumpf on Sensation and Presentation," *Brentano-Studien* 10, 83–106.

Michon, Pascal. 2018. "Rhythm as Form of Physiopsychological Process (part 1)," *Rhuthmos*, 29 August 2018［en ligne］. https://rhuthmos.eu/spip.php?article2258 2023年２月11日閲覧。

Stumpf, Carl. 1883, 1890. *Tonpsychologie*. 2 Bände. Leipzig: Verlag von S. Hirzel.

Wundt, Wilhelm. 1874. *Grundzüge der physiologischen Psychologie*. Leipzig: Verlag von Wilhelm Engelmann.

———. 1900–1920. *Völkerpsychologie. Eine Untersuchung der Entwicklungsgesetze von Sprache, Mythos und Sitte*. 10 Bände. Leipzig: Verlag von Wilhelm Engelmann, Alfred Kröner Verlag.

———. 1911. *Einführung in die Psychologie*. Leipzig: R. Voigtländer.

コラム２

Kurth, Ernst. 1931. *Musikpsychologie*. Berlin: Max Hesses Verlag.

第４章

Browne, Richmond. 1979. "The Inception of the Society for Music Theory," *Music*

Theory Spectrum 1, 2–5.

Cooper, Grosvenor W., and Leonard B. Meyer. 1960. *Rhythmic Structure of Music*. Chicago: University of Chicago Press.［グローヴナー・クーパー、レナード・マイヤー『音楽のリズム構造』徳丸吉彦訳、音楽之友社、1968年／『新訳　音楽のリズム構造』徳丸吉彦・北川純子訳、音楽之友社、2001年。］

Deutsch, Diana. 1980. "Music Perception," *Musical Quarterly* 66/2, 165–179.

———. 1982a. "Preface," in *The Psychology of Music,* 1st edition. Edited by Diana Deutsch, xiii–xvii, New York: Academic Press.［ダイアナ・ドイチュ「序文」『音楽の心理学（上）』宮崎謙一訳、西村書店、1987年、xvii〜xxii頁。］

———. 1982b. "The Processing of Pitch Combinations," in *The Psychology of Music,* 1st edition. Edited by Diana Deutsch, 271–316, New York: Academic Press.［ダイアナ・ドイチュ「音の高さ関係の処理」『音楽の心理学（下）』ダイアナ・ドイチュ編、宮崎謙一訳、西村書店、1987年、335〜388頁。］

Deutsch, Diana (ed.). 1982. *The Psychology of Music*. 1st edition. New York: Academic Press.［ダイアナ・ドイチュ編『音楽の心理学（上・下）』寺西立年・大串健吾・宮崎謙一監訳、西村書店、1987年。］

——— (ed.). 1999. *The Psychology of Music*. 2nd edition. San Diego, Calif.: Academic Press.

——— (ed.). 2013. *The Psychology of Music*. 3rd edition. San Diego, Calif.: Academic Press.

Erickson, Robert. 1982. "New Music and Psychology," in *The Psychology of Music*, 1st edition. Edited by Diana Deutsch, 517–536, New York: Academic Press.［ロバート・エリクソン「音の高さ関係の処理」『音楽の心理学（下）』ダイアナ・ドイチュ編、佐々木隆之訳、西村書店、1987年、637〜663頁。］

Forte, Allen. 1962. *Tonal Harmony in Concept and Practice*. New York: Holt.

Fraisse, Paul. 1982. "Rhythm and Tempo," in *The Psychology of Music,* 1st edition. Edited by Diana Deutsch, 149–180, New York: Academic Press.［ポール・フレス「リズムとテンポ」『音楽の心理学（上）』ダイアナ・ドイチュ編、津崎実訳、西村書店、1987年、181〜220頁。］

Gjerdingen, Robert O. 2002. "The Psychology of Music," in *The Cambridge History*

of Western Music Theory. Edited by Thomas Christensen, 956–981, Cambridge: Cambridge University Press.

Juslin, Patrik N., and John A. Sloboda. 2013. "Music and Emotion," in *The Psychology of Music,* 3rd edition. Edited by Diana Deutsch, 583–645, San Diego Calif.: Academic Press.

Korsyn, Kevin. 2003. *Decentering Music: A Critique of Contemporary Musical Research*. New York: Oxford University Press.

Laske, Otto E. 1975. "On Psychomusicology," *International Review of the Aesthetics and Sociology of Music* 6/2, 269–281.

Lerdahl, Fred, and Ray Jackendoff. 1977. "Toward a Formal Theory of Music," *Journal of Music Theory* 21/2, 111–172.

Meyer, Leonard B. 1956. *Emotion and Meaning in Music*. Chicago: University of Chicago Press.［レナード・マイヤー「音楽における情動と意味の理論」『国立音大研究紀要』第５巻、徳丸吉彦・波多野誼余夫訳、1969年、116〜138頁／「音楽における情動と意味」『音楽の認知心理学』リタ・アイエロ編、大串健吾監訳、上田和夫訳、誠信書房、1998年、3〜45頁。］

———. 1967. *Music, the Arts, and Ideas: Patterns and Predictions in Twentieth-Century Culture*. Chicago: University of Chicago Press.

———. 1973. *Explaining Music: Essays and Explorations*. Berkeley: University of California Press.

———. 1979. untitled correspondence to Burton S. Rosner, unpublished, Leonard Meyer Papers (Box 4, Folder 35), Kislak Center for Special Collection, Rare Books and Manuscripts, University of Pennsylvania.

———. 1989. *Style and Music: Theory, History, and Ideology*. Chicago: University of Chicago Press.

Narmour, Eugene. 1977. *Beyond Schenkerism: The Need for Alternatives in Music Analysis*. Chicago: University of Chicago Press.

Ogg, Susan. 1978. "RE: Review of Proposal, "Perception of Melodic Processes"," unpublished, Leonard Meyer Papers (Box 5, Folder 25), Kislak Center for Special Collection, Rare Books and Manuscripts, University of Pennsylvania.

"The Perception of Melody," unpublished, Leonard Meyer Papers (Box 8, Folder 15), Kislak Center for Special Collection, Rare Books and Manuscripts,

University of Pennsylvania.

Perkins, David N., and Vernon A. Howard. 1976. “Toward a Notation for Rhythm Perception,” *Interface* 5, 69–86.

Rosner, Burton S. 1977. untitled correspondence to Leonard B. Meyer, unpublished, Leonard Meyer Papers (Box 4, Folder 35), Kislak Center for Special Collection, Rare Books and Manuscripts, University of Pennsylvania.

———. 1979. untitled correspondence to Leonard B. Meyer, unpublished, Leonard Meyer Papers (Box 4, Folder 35), Kislak Center for Special Collection, Rare Books and Manuscripts, University of Pennsylvania.

———. 1988. “Music Perception, Music Theory, and Psychology,” in *Explorations in Music, the Arts, and Ideas: Essays in Honor of Leonard B. Meyer*. Edited by Eugene Narmour and Ruth A. Solie, 141–175, Stuyvesant, N. Y.: Pendragon Press.

———. 2008. “Leonard Meyer: A Long Friendship,” *Music Perception* 25/5, 487–488.

Rosner, Burton S., and Leonard B. Meyer. 1982. “Melodic Processes and the Perception of Music,” in *The Psychology of Music,* 1st edition. Edited by Diana Deutsch, 317–341, New York: Academic Press. [バートン・ロスナー、レナード・マイヤー「旋律進行と音楽の知覚」『音楽の心理学（下）』ダイアナ・ドイチュ編、大浦容子訳、西村書店、1987年、389〜418頁。]

———. 1986. “The Perceptual Roles of Melodic Process, Contour, and Form,” *Music Perception* 4/1, 1–40.

Salzer, Felix. 1962. *Structural Hearing: Tonal Coherence in Music*. Paperback edition. New York: Dover.

Schenker, Heinrich. 1956. *Der freie Satz*. 2te Auflage. Wien: Universal Edition.

———. 1974. *Harmony*. Edited by Oswald Jonas, translated by Elisabeth Mann Borgese, Cambridge, Mass.: MIT Press. [*Harmonielehre*. Neue musikalische Theorien und Phantasien von einem Künstler. Band 1. Stuttgart und Berlin: J.G. Cotta'sche Buchhandlung Nachfolger, 1906.]

Sloboda, John A. 1982. “Music Performance,” in *The Psychology of Music,* 1st edition. Edited by Diana Deutsch, 479–496, New York: Academic Press. [ジョン・スロボダ「演奏」『音楽の心理学（下）』ダイアナ・ドイチュ編、佐々木隆之訳、西村書店、1987年、587〜610頁。]

Stellar, Eliot. 1982. untitled correspondence to Leonard B. Meyer, unpublished,

Leonard Meyer Papers (Box 5, Folder 25), Kislak Center for Special Collection, Rare Books and Manuscripts, University of Pennsylvania.
von Hippel, Paul. 2000. "Questioning a Melodic Archetype: Do Listeners Use Gap-Fill to Classify Melodies?" *Music Perception* 18/2, 139–153.
von Hippel, Paul, and David Huron. 2000. "Why Do Skips Precede Reversals? The Effect of Tessitura on Melodic Structure," *Music Perception* 18/1, 59–85.
Yeston, Maury (ed.). 1977. *Readings in Schenker Analysis and Other Approaches*. New York and London: Yale University Press.
大芦治 2016『心理学史』ナカニシヤ出版。
大串健吾 2011 ウェブ・ページ「第一回音楽知覚認知国際会議（1st ICMPC）について」『日本音楽知覚認知学会』ウェブサイト内（http://jsmpc.org/oogusi/）2022年11月５日閲覧。
西田紘子 2018『ハインリヒ・シェンカーの音楽思想――楽曲分析を超えて』九州大学出版会。

コラム３

Bharucha, Jamshed J. 1987. "Music Cognition and Perceptual Facilitation: A Connectionist Framework," *Music Perception* 5/1, 1–30.
Huang, Cheng-Zhi Anna, Ashish Vaswani, Jakob Uszkoreit, Ian Simon, Curtis Hawthorne, Noam Shazeer, Andrew M. Dai, Matthew D. Hoffman, Monica Dinculescu, and Douglas Eck. 2018. "Music Transformer: Generating Music with Long-Term Structure," in *Proceedings of the Seventh International Conference on Learning Representations*.
Friston, Karl. 2010. "The Free-Energy Principle: A Unified Brain Theory?" *Nature Reviews Neuroscience* 11/2, 127–138.
Gold, Benjamin P., Marcus T. Pearce, Ernest Mas-Herrero, Alain Dagher, and Robert J. Zatorre. 2019. "Predictability and Uncertainty in the Pleasure of Music: A Reward for Learning?" *Journal of Neuroscience* 39/47, 9397–9409.
Krumhansl, Carol L., and Edward J. Kessler. 1982. "Tracing the Dynamic Changes in Perceived Tonal Organization in a Spatial Representation of Musical Keys," *Psychological Review* 89/4, 334–368.
Krumhansl, Carol L., and Roger N. Shepard. 1979. "Quantification of the Hierar-

chy of Tonal Functions within a Diatonic Context," *Journal of Experimental Psychology: Human Perception and Performance* 5/4, 579–594.

Matsunaga, Rie, Pitoyo Hartono, and Jun-ichi Abe. 2015. "The Acquisition Process of Musical Tonal Schema: Implications from Connectionist Modeling," *Frontiers in Psychology* 6, 1348.

Morimoto, Satoshi, Gerard B. Remijn, and Yoshitaka Nakajima. 2016. "Computational-Model-Based Analysis of Context Effects on Harmonic Expectancy," *PLoS ONE* 11/3, e0151374.

Pearce, Marcus T. 2018. "Statistical Learning and Probabilistic Prediction in Music Cognition: Mechanisms of Stylistic Enculturation," *Annals of the New York Academy of Sciences*, 1423, 378–395.

Temperley, David. 2007. *Music and Probability*. Cambridge, Mass.: MIT Press.

吉野巌 1999「"調性" の概念について——別宮氏の稿に寄せて」『音楽知覚認知研究』第 5 巻 2 号、107～113頁。

第 5 章

Budd, Malcolm. 1985. *Music and the Emotions: The Philosophical Theories*. London: Routledge.

Churchland, Paul. 1988. "Perceptual Plasticity and Theoretical Neutrality: Reply to Jerry Fodor," *Philosophy of Science* 55, 167–187.

Cochrane, Tom. 2010. "Music, Emotions and the Influence of the Cognitive Sciences," *Philosophy Compass* 5/11, 978–988.

Cross, Ian, and Elizabeth Tolbert. 2020. "Epistemologies," in *The Oxford Handbook of Western Music and Philosophy*. Edited by Tomás McAuley, Nanette Nielsen, Jerrold Levinson, and Ariana Phillips-Hutton, 264–281, Oxford: Oxford University Press.

DeBellis, Mark. 1995. *Music and Conceptualization*. Cambridge: Cambridge University Press.

———. 2003. "Schenkerian Analysis and the Intelligent Listener," *The Monist* 86/4, 579–607.

———. 2005. "Conceptual and Nonconceptual Mode of Music Perception," *Postgraduate Journal of Aesthetics* 2/2, 45–61.

Huovinen, Erkki. 2008. "Levels and Kinds of Listeners' Musical Understanding," *The British Journal of Aesthetics* 48/3, 315–337.

———. 2011. "Understanding Music," in *The Routledge Companion to Philosophy and Music*. Edited by Theodore Gracyk and Andrew Kania, 123–133, London: Routledge.

Judge, Jenny. 2018. "The Surprising Thing about Musical Surprise," *Analysis* 78/2, 225–234.

Kivy, Peter. 1990. *Music Alone: Philosophical Reflection on the Purely Musical Experience*. Ithaca and London: Cornell University Press.

Lerdahl, Fred, and Ray Jackendoff. 1983. *A Generative Theory of Tonal Music*. Cambridge, Mass.: MIT Press.

London, Justin. 1996. "Hearing is Believing? A Review-Essay of Mark Debellis's *Music and Conceptualization*," *Current Musicology* 60–61, 111–131.

Luntley, Michael. 2010. "Expectation without Content," *Mind and Language* 25/2, 217–236.

Lycan, William. 2020. "Hearing as," in *The Epistemology of Non-Visual Perception*. Edited by Berit Brogaard and Dimitria Electra Gatzia, 118–145, Oxford: Oxford University Press.

Matravers, Derek. 2010. "Recent Philosophical Work on the Connection between Music and the Emotions," *Music Analysis* 29/1–3, 8–18.

Meyer, Leonard. 1973. *Explaining Music*. Berkeley: University of California Press.

Mirka, Danuta. 2021. *Hypermetric Manipulations in Haydn and Mozart: Chamber Music for Strings, 1787 - 1791*. Oxford: Oxford University Press.

Nussbaum, Charles. 2007. *The Musical Representation: Meaning, Ontology, and Emotion*. Cambridge, Mass.: MIT Press.

Parkhurst, Bryan. 2017. "Aspects of Analysis," *Music Theory and Analysis* 4/2, 255–270.

Raffman, Diana. 1993. *Language, Music, and Mind*. Cambridge, Mass.: MIT Press.

———. 2011. "Music, Philosophy, and Cognitive Science" in *The Routledge Companion to Philosophy and Music*. Edited by Theodore Gracyk and Andrew Kania, 592–602, London: Routledge.

Scruton, Roger. 1974. *Art and Imagination*. London: Methuen.

Stokes, Dustin. 2009. "Aesthetics and Cognitive Science," *Philosophy Compass* 4/5, 715–733.

ウィトゲンシュタイン、ルートヴィヒ 1988『心理学の哲学 2』(ウィトゲンシュタイン全集補巻 1)、野家啓一訳、大修館書店。[Wittgenstein, Ludwig; von Wright, Georg Henrik and Heikki Nyman (ed.). *Remarks on the Philosophy of Psychology*, vol. 2. Oxford: Basil Blackwell, 1980.]

——— 2020『哲学探究』鬼界彰夫訳、講談社。[Wittgenstein, Ludwig; Hacker, Peter Michael Stephan and Joachim Schulte (ed.). *Philosophical Investigations*. 4th edition. Oxford: Wiley-Blackwell, 2009.]

チャーチランド、ポール・M 1986『心の可塑性と実在論』村上陽一郎・信原幸弘・小林傳司訳、紀伊国屋書店。[Churchland, Paul M. *Scientific Realism and the Plasticity of Mind*. Cambridge: Cambridge University Press. 1979.]

フォーダー、ジェリー 1985『精神のモジュール形式——人工知能と心の哲学』伊藤笏康・信原幸弘訳、産業図書。[Fodor, Jerry. *The Modularity of Mind*. Cambridge, Mass.: MIT Press. 1983.]

荒畑靖宏 2013「アスペクトの恒常性と脆さ——ウィトゲンシュタインとハイデガー」『ヨーロッパ文化研究』第32巻、35〜97頁。

大串健吾・桑野園子・難波精一郎(監修)2020『音楽知覚認知ハンドブック——音楽の不思議の解明に挑む科学』北大路書房。

久保田慶一 2020『音楽分析の歴史——ムシカ・ポエティカからシェンカー分析へ』春秋社。

源河亨 2017『知覚と判断の境界線——「知覚の哲学」基本と応用』慶應義塾大学出版会。

——— 2019『悲しい曲の何が悲しいのか——音楽美学と心の哲学』慶應義塾大学出版会。

田邉健太郎 2018「ロジャー・スクルートンの音楽知覚論——アクースマティック、美的理解、想像的知覚」『音楽表現学』第16巻、21〜30頁。

野家啓一 2013『科学の解釈学』講談社学術文庫。

信原幸弘(編著)2017『心の哲学——新時代の心の科学をめぐる哲学の問い』(ワードマップ)、新曜社。

細馬宏通 2021『うたのしくみ——増補改訂版』ぴあ。

山口裕之 2020『映画を見る歴史の天使——あるいはベンヤミンのメディアと神学』岩波書店。

山田圭一 2020「言葉の学習におけるアスペクト知覚の役割——ウィトゲンシュタインの直示的教示の考察を通じて」『千葉大学人文科学研究』第49

巻、51〜69頁。

コラム 4

植原亮 2017『自然主義入門——知識・道徳・人間本性をめぐる現代哲学ツアー』勁草書房。
平石界・中村大輝 2021「心理学における再現性危機の10年——危機は克服されたのか、克服され得るのか」『科学哲学』第54巻 2 号、27〜50頁。

木村　直弘（きむら・なおひろ）　　コラム②

岩手大学人文社会科学部教授。1989年、関西学院大学大学院文学研究科博士課程後期課程（美学専攻）単位取得済退学。共著に『音は生きている』（勁草書房）、『音楽学を学ぶ人のために』（世界思想社）、『賢治とイーハトーブの「豊穣学」』（大河書房）、『平泉文化の国際性と地域性』（汲古書院）、『海がはぐくむ日本文化』（東京大学出版会）、『ベートーヴェンと大衆文化――受容のプリズム』（春秋社、近刊）などがある。近年の主たる研究対象は、宮澤賢治とサウンドスケープ論。

森本　智志（もりもと・さとし）　　コラム③

慶應義塾大学グローバルリサーチインスティテュート特任助教。2016年、九州大学大学院博士後期課程単位取得認定退学（芸術工学専攻）。同年、奈良先端科学技術大学院大学（情報科学専攻）にて博士（理学）。計算論的神経科学を専門とし、和音進行に対する主観的整合性の知覚メカニズムについて計算論と脳神経科学の両面から研究を進めている。近年は同様の枠組みやシミュレーション実験を用いて、非言語コミュニケーションなどにも研究対象を広げている。

源河　亨（げんか・とおる）　　コラム④

九州大学大学院比較社会文化研究院講師。2015年、慶應義塾大学文学研究科後期博士課程単位取得退学（哲学・倫理学専攻）。博士（哲学）。著書に『知覚と判断の境界線――「知覚の哲学」基本と応用』『悲しい曲の何が悲しいのか――音楽美学と心の哲学』『感情の哲学入門講義』（以上、慶應義塾大学出版会）、『「美味しい」とは何か――食からひもとく美学入門』（中央公論新社）。共訳書にグレイシック『音楽の哲学入門』（慶應義塾大学出版会）など。心の哲学およびそれを応用した美学研究を行っている。

小川　将也（おがわ・まさや）　第２章

東京大学文学部美学芸術学研究室教務補佐員。2023年、東京大学大学院人文社会系研究科博士課程単位取得退学（美学芸術学分野）。論文「リヒャルト・ヴァラシェクの進化思想へのエピステモロジー的接近――ある科学テクストの基礎概念、受容、言説類型」（『音楽学』第68巻１号）、「グィド・アドラーの音楽史方法論再考――発展史の基礎概念と星座としての歴史世界」（『美学藝術学研究』第39号）など。ウィーンを中心にドイツ語圏における音楽学の歴史を研究している。

鈴木　聖子（すずき・せいこ）　第３章

大阪大学大学院人文学研究科アート・メディア論コース助教。東京大学大学院人文科学研究科博士課程単位取得退学、パリ大学東アジア言語文化学部・助教などを経て現職。博士（文学）。著作『〈雅楽〉の誕生――田辺尚雄が見た大東亜の響き』（春秋社、2019年、第41回サントリー学芸賞）、論文「民間の雅楽団体における「わざ」の正統性」（『待兼山論叢』芸術篇第55号）、“The Emergence of a Contemporary Repertoire for the *Shō*”（水野みか子と共著 ; *Circuit: Musiques Contemporaines* 32/1）。専門は日本音楽史・文化資源学。

田邉　健太郎（たなべ・けんたろう）　第５章

前立命館大学衣笠総合研究機構プロジェクト研究員。2014年、立命館大学大学院先端総合学術研究科一貫制博士課程修了。博士（学術）。論文「分析美学における音楽の存在論は何をどのように論じているのか」（『ポピュラー音楽研究』第21巻）、共著『知と実践のブリコラージュ――生存をめぐる研究の現場』『狂気な倫理――「愚か」で「不可解」で「無価値」とされる生の肯定』（以上、晃洋書房）、『美学の事典』（丸善出版）など。

佐藤　典子（さとう・のりこ）　コラム①

武蔵野音楽大学非常勤講師。1998年、早稲田大学大学院文学研究科心理学専攻博士後期課程単位取得満期退学。博士（教育情報学）。論文「音楽大学への進学理由と進学後の適応に影響を与える諸要因の検討――音楽経験と家庭の音楽環境およびサポートについて」（『教育心理学研究』第53巻１号）、共著『音楽心理学入門』、共訳書ミールほか『音楽的コミュニケーション――心理・教育・文化・脳と臨床からのアプローチ』（以上、誠信書房）など。音楽専門領域への進学や、音楽聴取に関わる心理・社会的要因の研究を行っている。

【編著者】

西田　紘子（にしだ・ひろこ）　総説・第1章

九州大学大学院芸術工学研究院准教授。2009年、東京藝術大学大学院音楽研究科博士後期課程修了（音楽学専攻）。博士（音楽学）。著書『ハインリヒ・シェンカーの音楽思想——楽曲分析を超えて』（九州大学出版会）、編著『ハーモニー探究の歴史——思想としての和声理論』、共訳書シェンカー『ベートーヴェンのピアノ・ソナタ批判校訂版——分析・演奏・文献』シリーズ（以上、音楽之友社）、ボンズ『ベートーヴェン症候群——音楽を自伝として聴く』（春秋社）など。オーケストラ団体の研究や演奏研究、批評活動も行っている。

小寺　未知留（こでら・みちる）　総説・第4章

立命館大学文学部准教授。2018年、東京藝術大学大学院音楽研究科博士後期課程修了（音楽学専攻）。博士（音楽学）。論文「マックス・ニューハウスは何を『音楽』と呼んだのか」（『美学』第72巻1号）、「レナード・マイヤーとニュー・ミュージコロジーの関係についての一考察」（『音楽学』第63巻2号）、共著『自由に生きるための知性とはなにか——リベラルアーツで未来をひらく』（晶文社）など。戦後アメリカにおける音楽研究史およびサウンド・アートの歴史について研究している。

【著者】

野家　啓一（のえ・けいいち）　本書に寄せて

東北大学名誉教授。1976年、東京大学大学院理学系研究科博士後期課程中退（科学史・科学基礎論専攻）。著書『言語行為の現象学』『無根拠からの出発』（以上、勁草書房）、『科学の解釈学』『パラダイムとは何か』（以上、講談社学術文庫）、『物語の哲学』『歴史を哲学する』（以上、岩波現代文庫）、『科学哲学への招待』（ちくま学芸文庫）、『はざまの哲学』（青土社）など。日本学術会議連携会員。第20回「山崎賞」受賞（1994年）、第4回「西川徹郎文学館賞」受賞（2019年）。

春秋社音楽学叢書

音楽と心の科学史

音楽学と心理学が交差するとき

2023年 4 月25日　初版第 1 刷発行

編 著 者————西田紘子・小寺未知留
発 行 者————神田　明
発 行 所————株式会社 **春秋社**
〒101-0021東京都千代田区外神田2-18-6
電話03-3255-9611
振替00180-6-24861
https://www.shunjusha.co.jp/
印　　刷————株式会社 太平印刷社
製　　本————ナショナル製本 協同組合
譜例浄書————株式会社 クラフトーン
装　　幀————伊藤滋章

Printed in Japan, Shunjusha.
ISBN 978-4-393-93045-8　C0073
定価はカバー等に表示してあります。

沼野雄司
音楽学への招待
［春秋社音楽学叢書］大作曲家の「駄作」からプロレスのテーマ音楽、図形楽譜や「モーツァルト効果」論争まで、ユニークなテーマで学問領野を横断する七つの刺激的な知の冒険。

２８６０円

津上英輔
美学の練習
なぜ人は美と芸術に惹かれるのか。先学の思想に頼ることなく、みずからの感性と知性を磨き、思索する楽しみとともに人生を豊かにする手がかりを得る。長年の講義の集大成。

２８６０円

清水康宏
音楽のなかの典礼
ベートーヴェン《ミサ・ソレムニス》はどのように聴かれたか
異形の教会音楽はどのように捉えられてきたのか。一九世紀のドイツ語圏における、「音楽」と「芸術」「宗教」「教会」の錯綜する関係性を浮き彫りにする、〝非典礼的な教会音楽〟の受容史。
３８５０円

B・フランソワ＝サペ、F・リュグノー　上田泰史［訳・解説］
評伝 シャルル＝ヴァランタン・アルカン
ピアノの錬金術師
一九世紀のパリに生き、超人的な技巧と類まれなる奇想によって、ロマン主義のピアノ音楽に新境地を切り拓いた異才アルカン。その知られざる生涯と、比類なき作品の数々に光を当てる！

３７４０円

アンドリュー・トムソン　新宅雅幸［訳］
ヴァンサン・ダンディ
〈フランス音楽〉の開拓者
近代フランス音楽を語る上で欠かせない人物、ヴァンサン・ダンディの評伝。作曲や執筆など多方面で活躍し、音楽学校の設立にも関わりながら次世代の作曲家を数多く育てた人生の軌跡。
３８５０円

木許裕介
ヴィラ＝ロボス
ブラジルの大地に歌わせるために
ブラジルの最も偉大なる作曲家の評伝。あらゆる音楽ジャンルに影響を与えた膨大な作品を、その生涯や伝説とともに解説。世界を旅した作曲家が創造した音楽の全貌に迫る。
４１８０円

▼価格は税込（10％）。